Leopoldina Junior, de Ronaldo Ciambroni, encenada pelo Grupo Pasárgada, 1973.

No Reino da Desigualdade

Coleção Debates
Dirigida por J. Guinsburg

Equipe de realização — Revisão de provas: Afonso Nunes Lopes e Maria Marta Teixeira; Produção: Ricardo W. Neves e Sylvia Chamis.

maria lúcia de souza b. pupo
NO REINO DA DESIGUALDADE

TEATRO INFANTIL EM SÃO PAULO NOS
ANOS SETENTA

FAPESP  EDITORA PERSPECTIVA

Dados Internacionais de Catalogação na Publicação (CIP)
(Câmara Brasileira do Livro, SP, Brasil)

Pupo, Maria Lúcia de Souza Barros.
  No reino da desigualdade: teatro infantil em São
Paulo nos anos setenta / Maria Lúcia de Souza Barros
Pupo. — São Paulo: Perspectiva: FAPESP, 1991. —
(Debates; v. 244)

  Bibliografia.
  ISBN 85-273-0048-6

  1. São Paulo (SP) – Política cultural 2. Teatro infantil – Brasil – São Paulo (SP) – História I. Título.
II. Série.

91-2959

CDD-792.02260981611
-352.9450981611

Índices para catálogo sistemático:

1. São Paulo: Cidade: Política cultural:
   Administração pública 352.9450981611
2. São Paulo: Cidade: Teatro infantil: História 792.02260981611

Direitos reservados à
EDITORA PERSPECTIVA S.A.
Avenida Brigadeiro Luís Antônio, 3025
01401 – São Paulo – SP – Brasil
Telefones: 885-8388/885-6878
1991

Para Lúcia e Dorival, meus pais

Meus agradecimentos

À Fundação de Amparo à Pesquisa do Estado de São Paulo
A Célia Berrettini e a Clóvis Garcia
A Fúlvia Rosemberg
Às amigas da Fundação Carlos Chagas
A José Vicente

SUMÁRIO

PREFÁCIO – *J. Guinsburg*................. 13
INTRODUÇÃO........................... 17
1. A ESPECIFICIDADE................... 31
   Os Autores........................... 33
   A Idade do Público.................... 35
   Os Locais e as Modalidades de Apresentação.. 38
   A Política Cultural..................... 40
2. O ENREDO........................... 45
   O Objetivo........................... 45
   O Contexto........................... 52
   A Temática........................... 57
   O Conflito e a sua Solução............... 59
   O Tipo de Trama...................... 66
   O Narrador........................... 67

O Tratamento do Tempo.................. 68
O Local............................... 70
3. OS RECURSOS DRAMÁTICOS........... 77
A Música............................. 78
A Comicidade......................... 85
O Envolvimento do Público............... 90
A Explicitação da Convenção Teatral....... 97
4. AS PERSONAGENS.................... 103
A Padronização....................... 107
A Natureza........................... 109
A Idade.............................. 112
O Sexo............................... 113
A Cor-Etnia e a Nacionalidade............ 117
A Atividade Escolar e a Atividade Profissional. 121
As Relações Familiares.................. 126
5. TEATRO INFANTIL EM SÃO PAULO: CENAS DE UM PEQUENO HISTÓRICO...... 131
6. O DESAFIO.......................... 147
TEXTOS ANALISADOS................... 155
BIBLIOGRAFIA........................ 159

PREFÁCIO

Maria Lúcia pediu-me que prefaciasse o seu livro. Naturalmente ela o fez com vistas, não ao editor, mas sim ao professor. E nesta condição não podia recusar o encargo, apesar de minha reduzida qualificação na área específica do teatro infantil ou, para não incorrer na conotação do adjetivo, no teatro para crianças.

A minha aceitação se deve em parte à impressão que guardei da autora como aluna de Teatro, impressão que o correr dos anos só veio a confirmar. Poder-se-ia resumi-la com o próprio nome Lúcia. Lucidez, clareza de pensamento, foi o registro que lhe reservei em minha memória docente. Em meio à efervescência moça de uma classe em que não faltavam inteligências vivas, senão brilhantes, a colocação penetrante, a indagação sagaz e objetiva, distinguiam os seminários e as intervenções de Maria Lúcia. Este atributo de espírito, uma espécie de corte cartesiano, tornou-se ainda mais patente em sua atuação posterior como pesquisadora e professora, no domínio das artes cênicas. No Brasil e na França, os seus trabalhos e provas acadêmicas evidenciaram-se, sendo reconhecidos, entre outros méritos, pela propriedade de suas análises e pela consistência de suas conclusões.

Mas não foi apenas este fato que chamou a atenção, desde logo, para a pesquisa que ora é publicada, sob o título de *No Reino da Desigualdade*. Tendo sido membro da banca que a examinou como dissertação de Mestrado, orientada pelo Prof. Clóvis Garcia, na Escola de Comunicação e Artes da USP, sou testemunha de que tanto quanto a correção do levantamento e a pertinência das ilações, impôs-se à avaliação a argúcia crítica e reflexão pedagógica e estética que o texto propunha, em termos de teatro.

Com efeito, o estudo de Maria Lucia, embasado em abrangente amostragem dramatúrgica, em sistemático acompanhamento cênico, em criteriosas opções metodológicas e em atualizada instrumentação conceitual, não traça apenas o quadro de uma situação. A lógica que o objetiva e o traz à evidência fria dos fatos constatados é também a da força argumentativa e do calor da contestação ao *status quo*.

Assim, Maria Lúcia abre ao leitor interessado a pesada e, muitas vezes, grosseira cortina de preconceitos, falta de imaginação, comodismo e despreparo, que têm recoberto e abafado este espaço, ainda tão rudimentar, pelo menos em nosso meio, do que é chamado teatro infantil e a arte de realizá-lo. Suposições, na maior parte rejeitadas pelas modernas investigações psicológicas, pedagógicas e estéticas, aí campeiam livre e desenfreadamente, levando ao seu receptor, que é na verdade uma vítima indefesa de uma herança de pretensas verdades da experiência e da tradição, um repertório de imagens, comportamentos e relações depauperadas, kitchizadas, verdadeiros esqueletos mitificados. Assim, a riqueza da fantasia, tão própria do pequeno espectador desta cena e tão comprovada pela característica inventividade lúdica de sua faixa etária, é submetida a uma descarnação vital e onírica, a um seqüestro do imaginário, justamente por uma arte que é o reino por excelência da criatividade do faz-de-conta...

A lição que Maria Lúcia propõe, com seu escalpelo sutil e com sua observação perspicaz, não é apenas científica e didática, mas sim, sobretudo, artística. Deixem o teatro falar a sua linguagem, que ele falará com plenitude à sensibilidade, à imaginação e ao intelecto da criança! – é o que parece ensinar. Pelo menos é o que um leigo, como eu, colheu das linhas deste trabalho tão preciso e, no entanto, tão instigante.

J. Guinsburg
outubro, de 1991

INTRODUÇÃO

Durante a infância, todos os seres humanos passam pelo processo de socialização, entendido como "ato de inculcar a estrutura de ação de uma sociedade no indivíduo ou grupo"[1]. No entanto, as normas e valores a serem interiorizados nas gerações mais jovens, através desse processo, não são uniformes, mas variam segundo a sociedade em questão.

O conceito de infância, por sua vez, apresenta uma universalidade apenas aparente. O caráter relativamente recente da infância como fase da vida merecedora de cuidados distintos daqueles dispensados à idade adulta é ressaltado pelo trabalho de Ariès,

---

1. Marion J. Levy Jr., "Socialização", in Fernando Henrique Cardoso e Octávio Ianni, *Homem e Sociedade*, São Paulo, 1965, p. 60.

História Social da Criança e da Família[2], no qual o autor salienta que a infância e as instituições a ela vinculadas, tais como a família e a escola, só começam a se legitimar mutuamente a partir do século XVII.

Diferenciada segundo as condições históricas que permitem sua existência, a infância é, em parte, uma relação socialmente produzida. Isto significa que a representação que os indivíduos possam ter desse estágio do desenvolvimento humano vai variar de acordo com a organização da formação social na qual eles se inserem. A infância se configura, pois, como uma categoria social a ser necessariamente examinada dentro de sua inserção histórica.

Ao tomarmos como referência o capitalismo atual, por exemplo, sabemos que o envolvimento do indivíduo com a produção de bens é que acaba caracterizando o grau de atenção que a sociedade como um todo é capaz de lhe conferir. Assim sendo, nesse sistema de relações de produção, a criança, tanto quanto o idoso, torna-se objeto do tratamento nitidamente discriminatório destinado aos indivíduos pouco ou nada produtivos.

O processo de socialização, específico portanto a cada sociedade, tem na produção cultural endereçada à infância um agente bastante poderoso.

A autonomia crescente dessa produção cultural voltada para a criança ou, de maneira mais ampla, para as jovens gerações, se acha diretamente vinculada às necessidades de ampliação de mercado inerentes ao capitalismo. Legitimada ao longo dos séculos XIX e XX, em nossos dias ela vem se diversifi-

---

2. Philippe Ariès, *História Social da Criança e da Família*, Rio de Janeiro, 1978.

cando e se sofisticando num ritmo cada vez mais intenso.

Uma de sua modalidades é o teatro dirigido às crianças. Enquanto prática cultural, ele consagra a infância como uma relação social produzida em determinado espaço e momento histórico. Paralelamente a uma produção específica no domínio da literatura, da música popular e do cinema, entre outras manifestações, a existência de um teatro endereçado à criança contribui para o gradativo desenvolvimento da autonomia de uma produção de bens culturais voltada exclusivamente para as gerações mais jovens.

Uma heterogeneidade básica marca de forma determinante o teatro infantil: o emissor da mensagem é o adulto artista, detentor de um poder assegurado por sua condição de idade enquanto o receptor é a criança desprovida desse poder.

Tal heterogeneidade se agrava ainda mais quando se constata que, além da criação propriamente dita, o adulto em geral possui também a prerrogativa de decidir quando levar a criança ao teatro e a qual espetáculo assistir.

Refletir sobre essa manifestação teatral, que hoje se caracteriza como modalidade de lazer socialmente suscitada e em expansão, significa, antes de mais nada, analisar uma relação entre categorias sociais na qual a repartição do poder é desigual. Significa, mais precisamente, examinar uma atividade impregnada da relação pedagógica entre adulto e criança, própria do processo de socialização. As formas de que se reveste o teatro infantil, em nosso momento histórico, concretizam as particularidades dessa relação pedagógica, revelando-a aos olhos do observador.

Sendo uma comunicação entre desiguais, o teatro infantil define-se, portanto, como um instrumento, pode-se dizer educacional, a serviço da veiculação de modelos que recobrem sistemas de valor. Assim sendo, a comunicação que se estabelece entre o adulto e a criança por intermédio do teatro destinado à infância, reveste-se de certas peculiaridades que podem ser consideradas como mais do que simples reflexo da heterogeneidade apontada entre emissor e receptor. Seu exame permite verificar, em última análise, que o teatro infantil se configura como verdadeira proposta de modalidades específicas e particulares para essa relação basicamente desigual.

A história do teatro voltado para as jovens gerações no Brasil ainda está por ser reconstituída. Das peças escritas por Coelho Netto e Olavo Bilac no começo do século, passando pelo sucesso da encenação de *O Casaco Encantado*, de Lucia Benedetti, em 1948 no Rio de Janeiro, múltiplas são as referências históricas que marcam as primeiras realizações teatrais dirigidas especificamente ao público jovem em nosso país. De lá para cá, e, mais especialmente, ao longo das últimas décadas, o teatro infantil vem conquistando novos espaços nas principais capitais brasileiras.

Uma reconstituição histórica da legitimação do teatro infantil entre nós – tarefa tão relevante quanto urgente – teria que passar obrigatoriamente pela análise da contribuição de três entre os principais grupos que se dedicaram ou vêm se dedicando a esse tipo de teatro.

Dirigido por Tatiana Belinky e Julio Gouveia, o Teatro Escola de São Paulo (TESP) foi fundado em 1949 e estendeu suas atividades com atuações na televisão até 1964. Entre 1949 e 1951, o grupo realizou apresentações semanais em teatros da prefeitura de São Paulo e em diversos locais da periferia. Sua fértil atuação abarcou a encenação de incontáveis adaptações de literatura para crianças, tanto brasileira quanto estrangeira, além de adaptações dos clássicos da dramaturgia ocidental.

Fundado no Rio de Janeiro, em 1951, o Tablado, ligado ao conhecido nome de Maria Clara Machado, permanece em atividade até hoje. Desde 1956, o Tablado publica regularmente a revista *Cadernos de Teatro*, que muito tem colaborado na divulgação de inúmeros textos teatrais inéditos. Além da realização de espetáculos, o papel do Tablado é também bastante significativo no que diz respeito à formação teatral.

Já o Teatro Infantil Permanente do Instituto de Educação General Flores da Cunha (TIPIE), em Porto Alegre, coordenado pela Profª Olga Reverbel, tem uma origem diversa. Ao longo das décadas de sessenta e setenta, o TIPIE se responsabilizaria por apresentações semanais de espetáculos infantis abertos ao público, como parte integrante das atividades da disciplina Teatro, cursada pelas normalistas daquela instituição.

O exame da bibliografia especializada na área surpreende o leitor, exatamente pela ausência de títulos relevantes, tanto em termos históricos quanto em termos de uma crítica mais conseqüente. Tema de interesse amplo, inclusive pela abordagem multidisciplinar que possibilita, o teatro infantil não tem sido objeto de uma produção crítica significativa.

Em termos da bibliografia nacional, o que há são artigos esparsos de autoria de criadores e, eventualmente, de jornalistas e críticos especializados. Neles o que se lê mais freqüentemente são comentários denunciando o abandono a que sempre foi relegado o teatro infantil, quase sempre articulados de modo direto a reivindicações de maior apoio oficial. Em outras ocasiões, o assunto é tratado de forma nitidamente normativa, através de propostas em torno da realização daquilo que seria um "bom" teatro para crianças.

A bibliografia estrangeira, por sua vez, além de vasta quantidade de artigos e ensaios em moldes semelhantes, apresenta algumas contribuições importantes através da produção européia mais recente, sobretudo em língua francesa. Entre os mais relevantes, situa-se o trabalho de Gratiot-Alphandéry, Rosemberg e Chapuis[3], brilhante análise crítica da especificidade do teatro infantil na França, assim como a monografia de Battegay[4], que estabelece vinculações entre a expansão do modo de produção capitalista e a especificidade do teatro voltado para as gerações jovens. Do mesmo modo, Dasté[5] e Deldime[6], respectivamente diretora e estudioso de teatro infantil, em muito têm contribuído para o alargamento das perspectivas de realização nessa área. É interessante também citar aqui um artigo específico de Gérard Léfèvre[7] que lança novas luzes sobre essa modalidade de teatro, ao examinar as relações de poder a ele subjacentes.

O presente livro – originalmente dissertação de mestrado defendida na Escola de Comunicações e

---

3. H. Gratiot-Alphandéry, F. Rosemberg e E. Chapuis, "Le théâtre pour enfants", in *Enfance*, Paris, numéro spécial, 1973.

4. Alain Battegay, "Sur le rapport d'enfance et le théâtre pour enfants", Lyon, 1973.

5. Catherine Dasté, "Expérience de création de spectacles pour enfants inventés par les enfants", in *Théâtre, Enfance, Jeunesse*, Paris, IV, 1970.

6. Roger Deldime, *Le théâtre pour enfants*, Bruxelles, 1976.

7. Gérard Léfèvre, "Rapport pédagogique ou égalitaire?", in *Travail Théâtral*, Paris, 15, 1974.

Artes da Universidade de São Paulo – procura examinar de que maneira se apresenta a relação entre o emissor adulto e o receptor infantil dentro da dramaturgia dirigida à criança. O estudo visa a análise tanto das representações transmitidas, quanto do arcabouço dramático que as veicula.

O enfoque que se tem em vista é o da produção da mensagem, estando portanto excluídos do presente terreno de pesquisa os aspectos ligados à sua decodificação.

Dentro do quadro abrangente da enunciação da produção teatral dirigida à criança, a análise que se segue toma como referência apenas um de seus aspectos, a dramaturgia, não se detendo no exame de outros sistemas de signos cuja combinação resulta no espetáculo. Estes últimos serão considerados objeto de investigação apenas quando citados nas rubricas das peças, como é freqüentemente o caso da música em cena, por exemplo.

Como referência empírica foram tomadas as peças infantis encenadas na cidade de São Paulo entre 1970 e 1976. A escolha desse período se deve a duas razões fundamentais.

De um lado, verifica-se nessa época um considerável aumento na quantidade de espetáculos em cartaz para crianças, acréscimo esse observado também quase simultaneamente no que diz respeito à literatura infantil brasileira. Por volta de 1975, a ampliação da oferta de espetáculos no mercado teatral paulistano vem consagrar uma tendência que já vinha se delineando, no sentido da legitimação do teatro infantil enquanto bem cultural específico.

Por outro lado, a mesma década que assistiu à ampla difusão dessa modalidade de produção cultural presenciou também o surgimento de toda uma nova vertente de espetáculos que colocava em questão a concepção de dramaturgia infantil subjacente àquele fenômeno de afluência de público.

É justamente o surgimento dessa nova vertente que faz dos anos setenta uma década historicamente marcante para o teatro tido como infantil em São Paulo. Dela fazem parte uma série de peças que, em consonância com uma noção mais contemporânea de teatro, assumem às últimas conseqüências a fragilidade e o caráter efêmero e mutante da própria representação teatral. A incorporação dessa visão de teatro se traduziu em termos de dramaturgia pela criação de textos que, ao invés de se configurarem como peças acabadas, se apresentam sob forma de roteiros de improvisação a serem necessariamente desenvolvidos pelos emissores do espetáculo.

É assim que o elemento lúdico passa a ganhar posição de grande relevo. O jogo e tudo o que ele comporta em termos de constante invenção, imprevisto e transformação, passa a ser o eixo a partir do qual tais textos são construídos. Neles, a linearidade do enredo muitas vezes é rompida em benefício da ênfase na transformação simbólica propriamente dita, elemento fundador tanto do teatro, quanto do jogo espontâneo da criança.

Ambos os fatores acima analisados, ou seja, a consagração do teatro infantil enquanto bem cultural, assim como a realização de espetáculos baseados no aspecto lúdico da representação fizeram, portanto, com que a escolha do período a ser analisado recaísse sobre os anos 1970-1976.

Ao tomar como referência um período extremamente significativo dentro da evolução histórica do teatro infantil encenado na cidade de São Paulo, esta investigação acaba dizendo respeito indiretamente a uma produção mais ampla, na medida em que os fenômenos ocorridos na capital paulista tenderam a se manifestar também em outros centros do país, nos anos subseqüentes. É, portanto, enquanto contribuição para uma história crítica do teatro endereçado às jovens gerações no Brasil que os resultados desta pesquisa podem ser avaliados.

A escolha da amostra das peças a serem examinadas obedeceu a uma série de procedimentos cuidadosos.

Recorri inicialmente à Sociedade Brasileira de Autores Teatrais (SBAT), a fim de obter a listagem das peças infantis encenadas no período delimitado. Como os dados disponíveis possuíam um caráter seletivo – compunham relação dos "principais espetáculos realizados em São Paulo" ou "peças que obtiveram maior número de espectadores" – optei pelo uso de outra fonte: os anúncios de peças publicadas no jornal *O Estado de S. Paulo*, escolhido em função de ter, na época, uma seção de anúncios teatrais mais completa do que a de outros diários paulistanos. Tendo em vista, portanto, a delimitação do universo de pesquisa, foram consultados os exemplares referentes aos sábados e domingos compreendidos entre 1970 e 1976, inclusive. As informações procuradas foram obtidas em duas seções do jornal: os chamados "tijolinhos" e o "Roteiro". A publicação dos primeiros permaneceu constante ao longo dos anos pesquisados, mas o "Roteiro" sofreu várias alterações, até que, a partir de 1972, passou a ser publicado na forma em que permaneceu até o término do período analisado, isto é, nas últimas páginas, apresentando nos fins de semana uma subdivisão especial destinada ao público infantil.

No conjunto dos "tijolinhos" e na fase em que o "Roteiro" não discriminava os espetáculos infantis em relação aos adultos, alguns indícios permitiram a identificação das peças endereçadas às crianças:

1. referências à idade do público, tais como "espetáculo infanto-juvenil" ou "para a garotada";
2. os horários de apresentação, que sempre se distribuíam entre as tardes de sábado, manhãs e tardes de domingo (eventualmente eram também anunciados, nos fins de semana, espetáculos que poderiam ser vendidos para escolas em dias de semana, à tarde);
3. indicação de vantagens e privilégios conferidos ao público tais como "distribuição de balas" ou "sorteio de brinquedos".

A inclusão de cada peça no universo de pesquisa obedeceu a uma série de pré-requisitos, cujo estabelecimento teve como objetivo a operacionalização do conhecimento da dramaturgia infantil brasileira:

1. ser de autor nacional;
2. não ser encenação de conto mágico tradicional;
3. não ser adaptação de original estrangeiro;
4. não ter sido escrita para desempenho exclusivo de bonecos;
5. não se destinar a espetáculo de mímica.

Os bonecos e a mímica foram excluídos por implicarem duas linguagens teatrais particulares que não se pretendia abordar na ocasião.

Houve vários casos de peças que, embora não sendo encenação de conto mágico tradicional, lançam mão de personagens que fazem parte daquele universo. Como elas estão situadas em um contexto distinto do conto mágico no qual tiveram origem, tais peças foram incluídas na listagem dos textos a serem posteriormente sorteados. É o caso de *Chapeuzinho Vermelho, Três Porquinhos e Lobo Mau em Bossa Nova, Papai Noel no Reino da Branca de Neve* e *A Gata Borralheira e o Bobo da Corte*, entre outras.

Desde que fossem atendidos os requisitos citados, não foi levado em conta se o espetáculo era profissional ou amador, embora os do primeiro tipo tenham predominado em larguíssima escala.

A maior parte do levantamento das peças nos exemplares de *O Estado de S. Paulo* foi realizada na Biblioteca Municipal Mário de Andrade, mas como muitos dos números procurados não constavam do seu acervo, foi necessário recorrer também à Divisão de Arquivo do Estado da Secretaria de Cultura, Ciência e Tecnologia e à Biblioteca Nacional, no Rio de Janeiro.

Uma vez terminada a listagem das peças do período compreendido entre 1970 e 1976, o passo seguinte seria selecionar a amostra a ser efetivamente analisada. Tendo em vista que vários dos textos foram encenados mais de uma vez, decidiu-se levar em conta o número de vezes em que cada um deles foi montado, a fim de que pudessem ficar salientadas as encenações repetidas de uma mesma peça, no decorrer dos anos investigados.

Os títulos das peças que compunham o universo de pesquisa foram organizados em relação a cada temporada anual. Assim, por exemplo, *Pluft, o Fantasminha*, que foi montado sucessivamente em 1970, 1972, 1975 e 1976, faz parte de cada uma dessas listas anuais. Conhecido o número de peças apresentadas em cada um dos anos estudados, foi efetuado o sorteio de 30% delas que passaram a constituir as peças da amostra naquele ano. Tomando 1975 como exemplo, entre montagens e remontagens, o total de peças é de quarenta e três; a amostra referente àquele período, portanto, é composta de treze textos.

Para que o *corpus* da investigação não se tornasse tendencioso, foi decidido que os textos remontados já sorteados em anos precedentes, deveriam entrar no cômputo da porcentagem, ou seja, no total de número de títulos do ano em questão, sendo porém automaticamente eliminados no caso de serem sorteados outra vez. Em relação a cada ano realizou-se também um segundo sorteio, para uma eventual necessidade de reposição de algum texto da amostra sorteada, porventura impossível de ser localizado. Os mesmos critérios estiveram presentes nesse segundo sorteio.

As dúvidas que por vezes ocorriam com relação a determinados dados, como o local de apresentação da peça, ou alterações no título do espetáculo no transcurso da temporada, eram sanadas com a obtenção de informações através de fontes secundárias, como programas teatrais e principalmente notas e críticas jornalísticas.

Feito o sorteio, definiu-se a listagem definitiva das peças analisadas neste trabalho, que consta no final desta obra. De posse dos setenta títulos da amostra, iniciou-se talvez a fase mais árdua da pesquisa: uma longa e difícil peregrinação a diferentes entidades e instituições foi efetuada para obtê-los. Num primeiro momento, apenas nove peças foram encontradas depois de levantamentos executados em locais especializados como a Biblioteca da Escola de Comunicações e Artes da Universidade de São Paulo, os acervos da SBAT em São Paulo e no Rio de Janeiro, e ainda a biblioteca do então Serviço Nacional de Teatro, também no Rio.

Diante da precariedade das condições de pesquisa, evidenciou-se que a única possibilidade de obtenção dos textos seria através de contato direto com os autores. Naquela fase do trabalho foi possível verificar concretamente o quanto o teatro infantil tem sido objeto de um nítido menosprezo, por parte inclusive de entidades diretamente vinculadas à produção artística no Brasil. Só com extrema dificuldade é que os autores foram sendo pouco a pouco localizados. Para tanto, foi necessário recorrer aos meios mais diversos, que variaram desde consultas às listas da SBAT e ao Sindicato dos Artistas e Técnicos em Espetáculos de Diversão, até à pesquisa em listas telefônicas, passando naturalmente por informações fornecidas pela própria classe teatral.

Através de entrevistas com os autores, foram obtidos dados bastante interessantes sobre certas peculiaridades que dizem respeito à criação e à divulgação do texto teatral infantil e, conseqüentemente, referentes também a certos desdobramentos que ele sugere a nível da montagem do espetáculo. Esses contatos permitiram sobretudo apreender a representação que os autores têm da sua própria atividade enquanto dramaturgos.

Uma vez de posse dos textos, a técnica de investigação empregada foi a da análise de conteúdo, escolhida por ser um método sistemático e objetivo de coleta de dados, desde que o pesquisador defina com precisão as categorias com as quais pretende operar.

O levantamento e análise dos dados extraídos dos textos foram efetuados a partir de dois enfoques necessários e complementares, a saber, quantitativo e qualitativo.

A abordagem quantitativa teve como finalidade categorizar, exaustiva e sistematicamente, aspectos comuns presentes nas peças. A partir da realização de "cortes" no material, determinados por três grandes focos de análise – o enredo, os recursos dramáticos e as personagens – foram montados três roteiros independentes de investigação.

No primeiro deles, o enredo foi examinado como um todo. No segundo, quatro diferentes unidades de análise foram objeto de categorização: cada emissão musical, cada incidente que pretendesse provocar o riso, cada procedimento visando ao envolvimento do público e cada procedimento visando à explicação da convenção teatral. O terceiro roteiro norteou o exame de cada uma das personagens dos setenta textos.

A elaboração do instrumental de análise quantitativa foi bastante complexa, pois implicou a formulação de regras precisas sobre o que e como analisar. A definição e operacionalização definitiva das categorias resultou de um contínuo movimento de ir e vir entre a forma provisória que possuíam em determinado momento e as surpresas do material a ser ainda analisado. Esse ajuste, muitas vezes delicado, revelou-se de fundamental importância pois somente a partir da perfeita articulação entre as categorias formuladas é que as inferências posteriores se tornam realizáveis.

Já a abordagem de tipo qualitativo, de caráter mais flexível, pretendeu apreender aspectos peculiares de cada texto, através da definição de categorias a partir das quais determinadas passagens eram destacadas. Entre elas pode-se citar, por exemplo, maniqueísmo (definido como situação em que ocorre dicotomia entre o bem e o mal), didatismo (definido como situação em que a personagem realiza exposição de qualquer tipo) ou ainda estereótipo (definido como situação na qual são emitidos preconceitos, lugares-comuns ou frases feitas).

Combinados entre si, os resultados de ambos os tipos de análise conduziram à reconstituição da dramaturgia infantil encenada na capital paulista nos anos setenta, através de uma ótica particular, exposta a seguir.

1. A ESPECIFICIDADE

Para se pensar o teatro infantil encenado em São Paulo no período compreendido entre 1970 e 1976, é necessário, inicialmente, responder a uma primeira questão: essa modalidade teatral tem seu reconhecimento assegurado entre nós? No caso de uma resposta afirmativa, em que termos ele se efetiva? Em outras palavras, trata-se de investigar se o teatro infantil vem sendo reconhecido em seu fundamento essencial, ou seja, sua especificidade.

Os dados indicam que é possível se falar em um *boom* no teatro infantil paulistano, entre 1975 e 1976, a partir da constatação de um acréscimo sensível na quantidade de peças encenadas naqueles anos, verificável na relação dos títulos da amostra. Como se poderá apreender ao longo deste trabalho, especialmente no que diz respeito à análise do enredo, paralelamente ao desenvolvimento quantitativo, aqueles anos assistiram também ao surgimento de certas tendências inovadoras nesse teatro.

Conforme já foi evidenciado em observação anterior, a escolha da amostra procurou salientar as montagens repetidas de um mesmo texto, durante o período investigado. Este cuidado se revelou justificado, a partir da constatação de que a grande maioria dos textos (67,1%) foi apresentada em várias ocasiões, ao passo que poucos (27,1%) foram encenados em uma única temporada. Na medida em que os textos costumam ser retomados tendo em vista novas encenações, ou mesmo simplesmente a repetição da mesma montagem em outro período, alterando-se apenas o elenco ou o espaço cênico, os critérios que norteiam estas remontagens poderiam originar uma interessante investigação.

Uma particularidade claramente delineada nesta produção é a contemporaneidade da montagem em relação à época em que o texto foi escrito. A maior parte (51,4%) foi redigida a partir de 1970, enquanto uma proporção menor (24,3%) é datada do período compreendido entre 1960 e 1969 e outra ainda menor (15,7%) provém do período situado entre 1950 e 1959. De certa forma, pode-se afirmar que os textos mais recentes tendem a incorporar, principalmente a nível do enredo e dos recursos dramáticos, muitos dos elementos que vêm se fazendo presentes no espetáculo infantil contemporâneo. Esta característica provavelmente explica, ao menos em parte, as razões que levam o diretor teatral a recorrer com maior freqüência a essa dramaturgia mais recente.

Dentro da amostra sorteada – que exclui, conforme se verificou, a encenação de conto mágico tradicional – uma peculiaridade aparece nitidamente:

80% dos textos são originais. Embora estes textos tenham predominado em todos os anos da amostra, o ano de 1976 marca o ápice desta predominância.

É interessante observar que a primazia dos textos originais é mais marcante nas peças escritas para crianças e para todas as faixas etárias (83,6% e 83,3%, respectivamente) do que nas peças dirigidas a jovens e a crianças e jovens (60% para cada um dos grupos). Os dados indicam que, quando os jovens são a faixa visada, as adaptações tendem a ser realizadas com maior freqüência.

Entre as adaptações há múltiplas modalidades, que vão desde a adaptação de dramaturgia e de literatura para adultos até à adaptação da própria dramaturgia infantil. Em muitos casos a adaptação só é identificada a partir do referencial do leitor ou de quem assiste à encenação, pois nem o texto, nem a publicidade do espetáculo explicitam que se trata da retomada de uma obra previamente existente.

Os Autores

Consultando a lista dos autores da amostra, se observa a inexistência de qualquer nome também conhecido pela criação de dramaturgia dirigida a adultos. Esta especificidade da produção apresenta certas implicações em termos de uma clara insuficiência de domínio do gênero dramático, implicações essas que serão detalhadamente discutidas ao longo dos próximos capítulos.

Mas quem são finalmente esses autores que destinam sua produção especificamente ao teatro infantil?

Uma esmagadora maioria masculina caracteriza a criação de peças para crianças: 75,7% foram escritas por homens, apenas 20% por mulheres e os restantes 4,3% são de autoria de duplas de autores de ambos os sexos.

É interessante observar que, no tocante à idade do público ao qual se dirige, há diferenças entre a produção masculina e a feminina. Os autores masculinos e as duplas de autores de ambos os sexos tendem a privilegiar a criança enquanto público específico (56,6% da produção do primeiro grupo e 66,7% da produção do segundo grupo). Entre as peças escritas por mulheres, a tendência é visar também a outras parcelas de espectadores, que, eventualmente, freqüentam o teatro infantil; apenas 35,7% delas se dirigem exclusivamente a crianças, sendo que as demais são endereçadas a jovens, a crianças e jovens ou a toda e qualquer idade.

As mulheres têm sido editadas com maior freqüência, pois entre as peças de autoria feminina, 57,1% foram publicadas, ao passo que apenas 26,4% daquelas escritas por homens obtiveram publicação. Talvez este fato possa ser explicado através do consenso social geral que atribui à mulher uma grande responsabilidade no trato com tudo aquilo que se relaciona com a educação, seja de caráter formal ou informal. Nessa medida, a produção cultural visando à infância, entendida como um veículo educativo informal, seria encarada pelos editores como um campo "naturalmente" mais ligado ao sexo feminino. É importante também lembrar que, entre todos os autores – homens e mulheres – da dramaturgia infantil brasileira, é Maria Clara Machado, representada por quatro textos nesta amostra, quem tem sua produção editada em maior escala.

Provavelmente em função da freqüência com que é editada, 64,3% da produção feminina tem sido divulgada através de montagens em outras cidades brasileiras, enquanto apenas 35,8% da produção masculina está nas mesmas condições. No que se refere à veiculação a nível internacional, todavia, não há diferença entre os sexos, certamente porque ela depende de fatores distintos da mera publicação.

A Idade do Público

Em termos de um certo estilo de espetáculo e de horários especiais de apresentação, o teatro infantil, sem dúvida, conseguiu conquistar um espaço próprio dentro da esfera teatral paulistana. No que diz respeito, entretanto, à idade do público visado pelos autores ao escreverem, a polêmica vem sendo uma constante.

A especificidade de uma dramaturgia voltada exclusivamente para a infância não é aceita de forma unânime pelos autores, pois apenas 52,9% dos textos foram escritos visando somente a uma platéia de crianças.

A nível das intenções declaradas pelos autores, é preciso reconhecer que o adjetivo "infantil" abriga uma dramaturgia bastante heterogênea em termos da faixa etária que eles pretendem atingir. Há basicamente duas posições que contestam a especificidade desta dramaturgia.

A postura mais comum é a daqueles que criticam a pieguice dos temas habitualmente abordados, reivindicando uma temática que encontre ressonância com as questões vividas pelas crianças no cotidiano, normalmente não tratadas pelo teatro, tais como a morte ou o sexo. Embora proponham uma ampliação temática, preconizam um cuidado especial nos meios empregados para expressá-la, como por exemplo a extensão do texto ou a linguagem do espetáculo.

Uma outra postura, bem mais radical, é defendida pelos poucos autores e diretores que ressaltam a qualidade artística como o único critério norteador do seu trabalho, prescindindo de quaisquer cuidados específicos que não sejam aqueles referentes à arte teatral em si mesma.

Na tentativa de captar o interesse das pessoas que compareçam ao teatro como acompanhantes das crianças, muitas vezes os autores lançam mão de um referencial cultural adulto, isto é, de informações que dificilmente podem ser decodificadas pela criança. Este referencial cultural adulto pode ser apreendido através de alguns títulos da amostra, como *Dom Chicote Mula Manca e seu Fiel Amigo Zé Chupança*, ou *Romão e Julinha*, ambos de Oscar Von Pfuhl, mas tende a aparecer principalmente no próprio diálogo das personagens:

Pluft – Meu pai era fantasma da Ópera.
Maribel – Fantasma da Ópera?
Pluft – É. Trabalhava num teatro grande!...[1]

A utilização de tal recurso, ao invés de fazer dessa dramaturgia uma produção que possa se endereçar a todas as faixas de idade, transforma seguidamente os textos teatrais infantis em uma mensagem que contém alusões passíveis de serem decodificadas apenas pelo indivíduo adulto.

Vários textos (25,7%), embora sejam encenados em horário convencionalmente reservado ao público infantil, foram criados tendo em vista o entreteni-

---

1. *Pluf, o Fantasminha*, de Maria Clara Machado.

mento de toda e qualquer faixa etária. Por ocasião das entrevistas, os seus autores demonstraram certo menosprezo por uma dramaturgia voltada exclusivamente para a criança. Argumentaram que uma preocupação deste tipo limita o alcance da criação, na medida em que ela acaba sendo *a priori* simplificada e empobrecida. O fato de suas peças, segundo eles, terem condições de satisfazer as expectativas das crianças e do público das demais faixas de idade foi amplamente enfatizado como louvável pelos próprios autores.

Para os jovens são destinados 7,1% dos textos, enquanto outros 7,1% se dirigem a crianças e jovens. Não se pode falar, portanto, em especificidade significativa em relação a essa parcela do público. Na verdade, o tão discutido teatro para jovens nunca chegou a existir como produção sistematizada, mas há anos tem sido objeto de acalorados debates e de tentativas isoladas de realização. O adolescente nunca chegou a ter um produto teatral a ele exclusivamente dirigido, que pudesse ter sua especificidade contestada. Quando a especificidade aparece, tende ou a ser aceita em termos de um público de crianças, ou a ser negada em favor de um produto cultural que possa ser decodificado por pessoas de todas as idades.

A tendência à ampliação da faixa etária do espectador que freqüenta o teatro infantil é datada dos textos escritos durante os anos setenta. Entre as peças redigidas a partir de 1970 aparece o menor índice de exclusividade para crianças (47,2%) e o maior índice de textos dirigidos a todos, inclusive adultos (33,3%). Tomando como referência apenas estes últimos textos, verifica-se que 66,7% deles foram escritos a partir de 1970.

Em termos das encenações, o ano de 1976 assiste à maior freqüência de montagem de textos escritos para todos, ou seja, 46,2% das peças encenadas naquele ano. É, portanto, especialmente no final do período analisado que se evidenciam os esforços de afirmação de uma dramaturgia que, embora apresentada em horário convencionalmente reservado às crianças, se propõe a interessar a todo e qualquer público.

É preciso ressaltar, entretanto, que esta ampliação da faixa etária do destinatário, embora se faça presente no discurso de determinados autores, não chega a se concretizar nas modalidades de divulgação dos espetáculos criados a partir de seus textos. Isto acontece porque as condições efetivas da veiculação dessas montagens, como a propaganda, o horário das apresentações, a temática e a duração, ao qualificarem tais espetáculos como infantis, restringem invariavelmente o acesso do público. Os adultos tendem a comparecer apenas na qualidade de acompanhantes das gerações mais jovens.

Os Locais e as Modalidades de Apresentação

Uma proporção aproximadamente igual de peças foi encenada apenas em São Paulo ou em São Paulo e outras cidades brasileiras (42,9% e 41,4%, respectivamente), ao passo que reduzida parcela (8,6%) chegou a ser montada também no exterior.

A precariedade de condições materiais para exibição de espetáculos infantis, por outro lado, parece ser a principal causa do fato de 24,3% dos textos terem sido levados também em outros locais além de teatros, tais como bibliotecas, clubes ou creches.

A inexistência de um espaço próprio para as encenações tem acarretado múltiplas dificuldades para os responsáveis pelo teatro infantil, pois fatores essenciais na construção da significação do espetáculo, tais como os signos relativos ao cenário e à iluminação, entre outros, ficam condicionados às necessidades do espetáculo para adultos que costuma ter lugar no mesmo palco, durante a noite.

Um exemplo claro de como a solução desses impasses é sempre desfavorável aos interesses de uma montagem cuidada e de um espectador exigente pode ser dado pela montagem de *O Palhaço Imaginador* no Teatro Treze de Maio, paralelamente a *Hoje é Dia de Rock*, levada em horário noturno. A divulgação do espetáculo infantil, feita pelo *O Estado de S. Paulo*, ressalta o fato como positivo, esclarecendo que seria levado "no cenário maravilhoso de *Hoje é Dia de Rock*"! Na medida em que é encarada como atividade artística menor, a realização teatral dirigida à infância tende a eximir seus responsáveis de maiores cuidados ou inquietações de caráter estético.

No período estudado, a penetração do teatro infantil no âmbito da instituição escolar ainda é pequena em São Paulo; apenas 11,4% das peças tinham sido apresentadas também em escolas. Nas ocasiões em que a instituição escolar promoveu representações em seu espaço, a totalidade das peças era inédita, isto é, não havia sido publicada.

É apenas um pouco mais tarde, ou seja, nos últimos anos da década de setenta, que o intercâmbio entre o teatro e a escola passa a se intensificar, a exemplo do que já vinha ocorrendo em países europeus.

Enquanto a esmagadora maioria dos artistas e pedagogos via nesse eventual intercâmbio uma possibilidade de estender o teatro a camadas da população habitualmente ausentes das casas de espetáculo, alguns – bastante raros – membros da classe teatral colocavam em questão essa prática. Entre seus argumentos aparecia em primeiro lugar a importância do aspecto por assim dizer ritual da ida ao local da encenação, espaço da transposição simbólica, da ficção. Também se mencionava o risco de que a seleção das peças a serem apresentadas se baseasse em critérios conservadores, tanto do ponto de vista social quanto artístico, isto é, obedecesse a uma censura. O problema da "recuperação" pedagógica do espetáculo também era evidenciado por esses poucos autores e diretores, uma vez que, segundo eles, a instituição escolar busca antes de mais nada reproduzir o sistema social vigente e não se interessa em salientar o potencial de questionamento presente nas manifestações artísticas.

A Política Cultural

A existência ou ausência de um reconhecimento desfrutado pelo teatro infantil pode também ser aferida através de uma análise de como os poderes públicos e mesmo alguns setores da iniciativa privada se relacionam com essa produção cultural. Assim sendo, procurarei estabelecer as vinculações entre a publicação dos textos, a atribuição de subvenções e a atribuição de prêmios, tendo em vista verificar até que ponto pode-se falar em uma política cultural coesa em relação ao teatro infantil.

No que se refere à política de publicações, a situação é precária, pois apenas 31,4% das peças foram editadas em livros ou revistas especializadas. Em contradição com a inexistência de um movimento teatral juvenil, são os textos destinados aos jovens os mais beneficiados com a impressão: 80% do total. Talvez seja a relativa complexidade dessas peças o fator que as leva a atrair mais freqüentemente o interesse dos editores.

A incidência de não editoração passa de 10,9% dos textos escritos entre 1950 e 1959, para 63% dos textos escritos a partir de 1970; a produção cresceu portanto muito mais do que o índice de publicação, que se manteve estável. Conseqüentemente, nos anos mais recentes tem aumentado a proporção de textos que ficam à margem de uma divulgação sistematizada. A extinção, em 1972, da revista *Teatro da Juventude*, editada e distribuída gratuitamente, até então, pela Comissão Estadual de Teatro, veio a agravar bastante esse quadro.

Embora se possa considerar a publicação como uma modalidade indireta de premiação, a política que rege essas duas práticas parece obedecer a princípios diferentes, pois apenas cerca de metade das peças que receberam prêmio pela qualidade do texto foram editadas.

No que diz respeito à política de subvenção, esse tipo de incentivo atingiu 45,7% das peças da amostra, sendo que a esmagadora maioria dessa verba (93%) foi atribuída pela Comissão Estadual de Teatro, exclusivamente ou em colaboração com outros órgãos. Não há qualquer correlação entre a subvenção fornecida por órgãos públicos e a publicação dos textos, o que conduz a levantar a hipótese de que os critérios que justificam essas duas práticas sejam distintos. Parece que o ineditismo do texto se configura como um parâmetro para a atribuição de subvenção, pois a totalidade do patrocínio fornecido pela Comissão Estadual de Teatro (CET) e Prefeitura, pela CET e Serviço Nacional de Teatro e também pela CET e outros órgãos foi endereçada a textos não publicados.

A política de premiação atingiu variada gama de modalidades: 12,9% das peças obtiveram prêmio pela qualidade do texto, 10% pelo espetáculo, 5,5% obtiveram premiação indireta através de seleção para participar de festival ou recomendação de entidade educacional, 8,6% obtiveram prêmios de várias categorias e 7,1% obtiveram premiação indeterminada.

Enquanto todas as peças premiadas em função do texto receberam essa distinção através da Comissão Estadual de Teatro, a totalidade dos prêmios atribuídos pelo Serviço Nacional de Teatro (SNT, ex-FUNDACEN), dizia respeito ao espetáculo. Nos últimos anos da década de setenta, o então SNT deu especial ênfase à premiação de textos, através do seu Concurso de Dramaturgia Infantil. Além da publicação das peças premiadas, aquele órgão destinava aos vencedores uma quantia em dinheiro equivalente à destinada à dramaturgia para adultos.

O final do período estudado se caracteriza como um momento em que antigas preocupações relativas à elevação da qualidade do teatro infantil passam a se configurar como tendências passíveis de serem observadas. Uma ilustração deste processo pode ser dada pelo fato de a metade dos prêmios ao espetáculo ter sido atribuída em 1976. O cuidado na realização da montagem passa a implicar o reconhecimento de que o espetáculo se compõe a partir da integração de diferentes sistemas de signos (verbal, gestual, plástico, sonoro) portadores de múltiplas significações. Ainda que por parte de uma minoria pouco representativa de realizadores, a proposta de criação de espetáculos artisticamente bem cuidados torna-se mais nítida naquele ano.

É importante observar uma relação bastante clara entre a política cultural vigente no que se refere à premiação atribuída ao espetáculo e às subvenções para a sua montagem, uma vez que 85,7% das peças premiadas pela encenação foram subvencionadas. Muitas vezes a subvenção é atribuída quando o espetáculo já está pronto ou quase pronto. Nesses casos, ela equivale a uma premiação, pois é concedida àquelas montagens cujas credenciais recomendam a concessão de patrocínio. Dessa forma, os espetáculos que tenham passado pelo primeiro crivo representado pela atribuição de subvenção, já estariam, por assim dizer, pré-premiados e, portanto, mais propensos à premiação propriamente dita.

Investigando a relação entre atribuição de prêmios e número de temporadas realizadas, verifica-se que as remontagens são efetuadas indiscriminadamente, tanto a partir de textos premiados, quanto não premiados. Pelo que os dados indicam, o reconhecimento da qualidade do texto através de premiação não o credencia suficientemente para novas montagens.

A partir do exposto, verifica-se que a especificidade do nosso teatro infantil é reconhecida em alguns aspectos e questionada ou simplesmente não reconhecida em outros.

Os realizadores que se posicionam a favor de um teatro que tenha amplo alcance, assim como os responsáveis pela publicação dos textos teatrais, não chegam a encarar a dramaturgia infantil enquanto modalidade específica dentro da arte teatral.

No entanto, a especificidade do texto infantil encenado em São Paulo nos anos setenta é palpável no que diz respeito a certos aspectos da política cultural, especialmente a subvenção e a premiação, no que se refere à precariedade dos locais de apresentação e às características da dramaturgia, conforme será evidenciado mais adiante.

Em termos de uma política cultural, a ausência de correlação visível entre publicação, subvenção e premiação parece ser a tônica geral, já que não foi possível apreender os critérios aos quais estão sujeitas, mas apenas levantar hipóteses. Dentro deste quadro, conforme se observou, apenas a correlação positiva entre subvenção e premiação pelo espetáculo constitui um caso à parte.

A atribuição de subvenção e a premiação asseguram, ao longo do período estudado, um espaço particular para o teatro destinado à infância. Pode-se mesmo afirmar que a quase totalidade da sustentação oficial dada ao teatro infantil se traduz em termos dessas práticas. Através do depoimento de certos realizadores, porém, por vezes esta política chega a ser contestada, na medida em que, segundo alguns, ela tem funcionado mais como incentivo à competição entre os grupos, do que propriamente como agente de elevação da qualidade artística.

A especificidade da dramaturgia endereçada às crianças, por sua vez, está ligada a dois fatores que denunciam sua baixa qualidade. Por um lado a dramaturgia infantil é o campo praticamente exclusivo da criação teatral de seus autores e, por outro, ela é quase sempre encenada em espaços pouco adequados.

Desde já é possível concluir, portanto, que aquelas particularidades que distinguem o teatro e, mais especificamente, a dramaturgia infantil, da manifestação teatral voltada para o adulto, revelam-se como nefastas à qualidade do produto cultural aqui analisado.

2. O ENREDO

Mediante este primeiro foco de análise da produção teatral infantil propriamente dita, será possível apreender o contexto no qual ocorre a ação, assim como caracterizar a estrutura dramática através da qual o enredo das peças vai se constituindo.

Ao estabelecer os vínculos existentes, por sua vez, entre as características do enredo e as particularidades da política cultural vigente, tornar-se-á possível apreender com maior precisão as injunções às quais a mensagem teatral dirigida à infância se acha sujeita.

O Objetivo

Independentemente da temática, o texto teatral para crianças pode ou não ser portador de uma tese expressa através de maior ou menor grau de sutileza.

A defesa de um ponto de vista preciso é característica marcante da dramaturgia analisada. A maioria (61,4%) das peças da amostra sustenta uma determinada tese, que tanto pode ser de ordem moral quanto não moral, enquanto apenas pequena parcela (38,6%) não veicula qualquer modalidade de tese.

É no período analisado que surge um marco bastante importante na história da dramaturgia dirigida à criança: a encenação de peças com recomendações precisas evidenciando valores menos consagrados socialmente, tais como, entre outros, a importância do elemento lúdico na infância. Esses textos, perfazendo um terço da amostra, têm como peculiaridade o fato de servirem a causas que não se identificam com preceitos éticos, daí serem aqui considerados como peças de tese de caráter não moral.

Os autores do sexo masculino e as duplas de autores de ambos os sexos parecem tender com maior freqüência a esse tipo de produção, pois entre os textos analisados não há nenhuma tese não moral de autoria feminina. A esmagadora maioria dessas peças foi escrita na década de setenta e a maior incidência de encenações ocorreu em 1976, último ano da amostra, tratando-se pois de tendência que se configurou exatamente no período analisado. Na época, os textos que apresentavam defesa de tese desse tipo eram inclusive premiados mais seguidamente do que os demais.

Uma das principais teses defendidas por este tipo de peça é a da valorização da imaginação. Opondo-se ao consumo de brinquedos industrializados, a síntese que delas poderia ser extraída é: "seja criativo, use a imaginação". O jogo de faz-de-conta é valorizado como a modalidade mais interessante e autêntica de brincadeira infantil, chegando por vezes a ser identificado como a base sobre a qual se desenvolve a linguagem teatral.

Em alguns casos este incentivo à auto-expressão é veiculado através de textos bastante interessantes, nos quais o encadeamento de cenas em que personagens infantis vivem momentos de prazer, brincando de faz-de-conta ou de "teatrinho", formam um roteiro a partir do qual o ator pode improvisar no momento da montagem. Trata-se de peças em que a constante quebra de continuidade e a perpétua mutabilidade do brinquedo infantil formam o eixo da trama.

Nelas a invenção e a incessante transformação das situações das personagens e dos objetos constituem o fundamento mesmo das ações realizadas em cena. Nesse sentido, tais textos – e *Vamos Brincar de Teatrinho* é um bom exemplo – assumem seu caráter inacabado, uma vez que, de modo ainda mais evidente do que qualquer outro, necessitam do trabalho do ator para que tenham seu potencial plenamente atualizado.

Há outros casos, porém, em que a apologia da imaginação é realizada através de verdadeiros discursos. É o caso de muitos textos em que personagens adultas "ensinam" as personagens infantis a brincar de faz-de-conta e desenvolvem pequenos sermões elucidando as vantagens de ser criativo!

Palhaço – Certo... Certo, Sr. Zelão... Prestem bem atenção... Vocês formam um grupo de meninos e meninas... Aí vocês escolhem uma estória qualquer, que seja do agrado da maioria dos meninos... Aí cada menino... ou menina faz de conta que é uma personagem dessa estória, agindo e reagindo como reagiria a personagem escolhida... E apresenta para os outros meninos que não estão participando na apresentação dessa estória, depois os meninos que assistiram à apresentação dessa estória escolhem outra estória e apresentam para o primeiro grupo... E assim por diante... É muito gostoso brincar de apresentar estórias e ao mesmo tempo desenvolve a nossa imaginação[1].

Outra tese bastante comum entre as de teor não moral é a defesa da ecologia. Nelas, invariavelmente, a melhoria das condições de vida ligada aos cuidados com o ambiente é encarada como tarefa individual. Fala-se muito sobre preservação da natureza e luta contra a poluição, sem que, no entanto, jamais se encaminhe qualquer reflexão sobre os interesses econômicos mais amplos que são responsáveis pelas devastações descritas no enredo.

Zeca – Barbaridade! E o rio que era grande! Por que está secando?

Florestinha – Porque saindo as árvores que protegiam as suas águas, o sol e o vento se encarregaram de evaporar quase todo ele, inclusive secando as suas fontes. E se continuar assim, vai acabar secando de uma vez o restinho que ainda tem.

Zeca – Pois não é que deve ser isso mesmo? Mas que barbaridade! Como eu sou burro! Nunca tinha pensado nisto, Florestinha!

Florestinha – E sem as árvores os passarinhos não tiveram mais onde fazer seus ninhos e foram embora. Os bichos também, pois não tinham mais folhas para comer e nem lugar para se esconder. Também foram embora. E o ar ficou impuro por causa da poeira.

Zeca – Mas eu não sabia que as árvores fossem tão importantes assim, menina!

Florestinha – São muito mais importantes ainda. As árvores exa-

---

1. *O Palhaço do Planeta Verde*, de Hilton Have.

lam oxigênio que purifica o ar, tornando-o saudável e gostoso de se respirar. Se não fossem as árvores todas as pessoas do mundo já teriam morrido pela poluição do ar[2].

Outro grupo de peças, correspondendo a 25,7% da amostra, se caracteriza por divulgar explicitamente uma tese de teor moral, ou seja, transmite preceitos de caráter ético. A maior incidência de encenações de peças deste tipo ocorreu em 1970, o que permite concluir que a tendência geral é de diminuição do seu aparecimento. Do mesmo modo, tais peças são as que, entre todas, foram premiadas com menor freqüência.

Papai Noel – (...) Vocês sabem muito bem que no mês de dezembro todos trabalham dobrado. Sempre há uma recompensa, a virtude. Porque o trabalho é uma virtude. Todos têm de trabalhar. O trabalho dignifica, engrandece, nos torna fortes. É o trabalho que nos alimenta o corpo e a alma[3].

Há ainda um último grupo de peças (38,6% da amostra) que não veicula qualquer modalidade de tese explícita. São textos que se propõem única e exclusivamente a divertir a platéia, muitas vezes através do apelo a múltiplas peripécias, qüiproquós e amplo uso de recursos cômicos. Baseados em geral numa frenética movimentação no palco, constituem-se em simples *divertissements* sem quaisquer outras implicações. Os anos sessenta caracterizam-se como a época em que a sua concepção foi mais freqüente.

---

2. *Vamos Colorir o Mundo*, de Jurandyr Pereira.
3. *Papai Noel no Século XX*, de Mario Bruni.

Entre essas peças, entretanto, não fica excluída a possibilidade de haver personagens repartidas de forma maniqueísta entre boas e más. Muitas vezes o maniqueísmo se faz presente, sem que sua existência implique uma tese explícita, como é o caso de muitos desenhos animados, por exemplo.

As peças que têm como objetivo a defesa de uma tese, seja ela de cunho moral ou não moral, apresentam a figura do narrador com maior freqüência. Este fato se explica pela preocupação, consciente ou não por parte do autor, em transmitir uma mensagem inequívoca, isenta da possibilidade de eventuais ambigüidades no momento da decodificação.

Nos textos endereçados a crianças e a todas as faixas de idade, predominam a ausência de tese e as teses de tipo não moral, enquanto que, entre os textos escritos para jovens e para crianças e jovens, há esmagadora maioria de teses de tipo moral. Talvez o teor moralizante da dramaturgia endereçada à faixa intermediária entre a criança e o adulto seja a característica que mais a particularize em relação à dramaturgia "infantil" como um todo. No esforço de falar mais diretamente ao jovem, os autores acabam fazendo vir à tona um certo tom professoral.

Tanto nos textos portadores de palavras de ordem quanto naqueles que não as veiculam, há um elemento de caráter profundamente didático e autoritário que aparece freqüentemente: são as explicações. Às vezes de modo velado, outras vezes acintosamente, os autores costumam entremear explicações dos mais variados gêneros em sua produção teatral. Todo e qualquer acontecimento pode servir de pretexto para uma peroração que quase sempre quebra a fluência da ação dramática e se impõe como uma verborragia desprovida de significado para o desenvolvimento da trama.

O exemplo mais comum é o das explicações simples, referentes ao significado de palavras.

Bode – Eu não como carne de bode. Eu não sou antropófago.
Onça – Não é o quê?
Bode – Antropófago. Animal que come outro da mesma espécie. Por exemplo: se coelho comesse carne de coelho, ele seria antropófago. Se vaca comesse carne de vaca ela também seria antropófaga! Índio antropófago é índio que come carne de gente![4]

Outras vezes as explicações versam sobre questões de caráter mais amplo, que implicam a realização de analogias e manifestação de pontos de vista.

Marcelo – Eu quero saber se a vida é um circo!
Palhaço – A vida é um circo sim, Marcelo. Pode reparar. Tudo o que existe no circo existe também na vida. Domadores, trapezistas, leões, equilibristas... Quantas pessoas não passam a vida inteira se equilibrando com medo de cair?
Marcelo – E muitas vezes caem.
Palhaço – A vida é um circo, Marcelinho. Veja bem a vida. É igualzinha ao circo. Com grandes perigos e grandes belezas. Veja o domador que enfrenta a fera com muito perigo. E quantas feras a gente encontra pela vida, não é? E veja a bailarina, correndo suave, transportando a sua beleza... E quantas belezas a gente encontra pela vida, não é... Tudo isso é circo, tudo isso é vida...[5]

Com muita freqüência, contudo, elas existem como verdadeiras enxurradas de conhecimentos, à maneira de uma aula tradicional.

4. *O Coelhinho Engenheiro*, de Jurandyr Pereira.
5. *O Sorriso do Palhaço*, de Pasqual Lourenço.

A terra onde vivemos
É dividida em três partes
A primeira, a que pisamos
Chama-se crosta terrestre

Nos locais em
Que a crosta está rachada
O magma terrestre
Faz uma força danada

Abrindo um furo
De espessura tão grande
Que nós chamamos
De cratera

Pela cratera
É expelido
Ferro, metal
Chumbo fervido

Quando tal
Ocorre então
O vulcão
Entra em erupção[6].

O Contexto

O universo fantástico ou mágico, em que a verossimilhança não é levada em conta e no qual existem soluções mágicas, é o que aparece com maior freqüência, o que se traduz por um índice de 41,4% dos textos. Este contexto é o único que se faz presente em todos os anos do período e predomina nas peças dirigidas a crianças e a todas as faixas de idade. É, entre todos os tipos verificados de contexto, o que

---

6. *Uma Viagem à Casa do Vento*, de Luciano Tadeu.

apresenta maior concentração de conflito maniqueísta, presente em 62,1% dos textos.

A presença do universo mágico na dramaturgia infantil é herança direta da influência dos contos de fada na produção cultural para crianças. O estudo de Bettelheim[7] sobre a importância do elemento fantástico no desenvolvimento da criança trouxe uma contribuição fundamental para o esclarecimento de uma antiga questão: por que os contos de fada exercem tamanho fascínio sobre crianças de diferentes culturas?

Bettelheim afirma que o conto de fada deve ser sempre apreciado em seu significado simbólico, ou seja, como representação externa de processos internos. Segundo ele, "os contos de fada retratam de forma imaginária e simbólica os passos essenciais do crescimento e da aquisição de uma existência independente"[8]. Para a psicanálise, a fantasia é elemento ligado ao inconsciente e, como tal, indispensável à construção do ego. Nessa medida, o conto de fada é visto por ele como um recurso que ajuda a criança a lidar com os problemas psicológicos do crescimento e da integração da personalidade.

Dentro da dramaturgia para crianças encenada nos anos setenta, porém, a presença do universo fantástico tende a assumir feições próprias que acabam por diferenciá-lo do universo mágico da literatura infantil. Seguidamente os autores teatrais fazem a ação de suas peças decorrer dentro de um contexto cujo caráter mágico não é assumido até suas últimas conseqüências. A nível das intenções do autor, pare-

---

7. Bruno Bettelheim, *A Psicanálise dos Contos de Fadas*, Rio de Janeiro, 1978.

8. *Idem*, p. 90.

ce existir uma tentativa de utilizar elementos mágicos mantendo uma pretensa perspectiva crítica em relação a eles.

A magia, então, é visivelmente empobrecida e freqüentemente desacreditada pelas próprias personagens. Embora questionada, ela continua sendo, porém, o cerne da trama, o que acarreta como resultado, um texto que não se sustenta nem como fantástico, nem como aniquilamento do fantástico.

Na maioria das vezes o universo mágico de tais peças é tão desprovido de força poética que dificilmente se poderia encontrar neles o significado profundo atribuído ao fantástico por Bettelheim.

Manduca – Nós estamos no século XX. Ninguém mais acredita em bruxaria. Vocês bruxas já não existem mais. São coisas do passado.

Bruxa – É só eu aparecer sentada na minha vassoura a jato que vocês verão se eles acreditam ou não.

Cirillo – Imagine só! Vassoura a jato! Eles vão pensar que é algum aparelho de outro planeta, te cortam um foguete em cima, só quero ver.

Bruxa – Você pensa que eu desceria num campo de batalha? Eu desceria bem na Praça das Bandeiras na hora do movimento.

Manduca – Ó burra. Na Praça das Bandeiras, eles pensariam que era alguma propaganda de algum teatro ou de alguma firma. Não tem jeito mesmo. Você não arranja mais nada. O tempo das bruxas já passou. Se ao menos você tivesse outra cara, poderia viver na Terra, montaria uma fábrica de vassouras, que é a única coisa que você entende. Mas com essa cara...[9]

Outro tipo de universo, classificado como realista, aparece em 40% da amostra. Por este termo,

---

9. *Papai Noel no Século XX*, de Mario Bruni.

porém, não se deve entender nenhuma referência ao realismo enquanto movimento estético teatral. Neste caso o contexto realista se refere à trama na qual os acontecimentos vividos situam-se no universo do possível, ou seja, sem apelo ao fantástico. A presença de personagens antropomorfizadas não impediu a inclusão de determinados textos nesta categoria, ao passo que a existência de personagens mágicas, como fadas e duendes, era suficiente para descartar a inserção de qualquer peça neste grupo. Como seria de se esperar, entre os textos desenvolvidos em contexto realista foi encontrada a maior concentração de personagens exclusivamente humanas. Os textos deste tipo foram premiados com menor freqüência do que os demais e constituem 80% da produção endereçada aos jovens.

Em 7,1% das peças da amostra aparece um outro tipo de contexto, aqui denominado ficção explicitada. Nelas, apesar de os dados da realidade muitas vezes não serem levados em conta, dentro do próprio enredo fica explicitado que se trata de ficção. Através da intenção de tornar claro o caráter ficcional do teatro, é possível reconhecer nestas peças o emergir de uma preocupação didática.

Lavadeira – É um bolo de mentirinha, sabe? Um bolo de papelão! É de faz-de-conta... Pode ter todos os sabores!
Pirilampo – Então, vamos comer de mentirinha!
Menino – (*Se lambuzando, em mímica.*) O bolo é de chocolate com creme!
Lavadeira – Meu pedaço é de morango e tem um pouco de baunilha e um monte de sorvete... Hum! Que delícia![10]

---

10. *A Viagem de um Barquinho*, de Sylvia Orthof.

Algumas particularidades interessantes distinguem os textos desenvolvidos dentro deste universo. Todos foram escritos na década de setenta e têm surgimento bastante recente, pois aparecem na amostra pela primeira vez em 1973. Na grande maioria dos casos (80%), apresentam grupo de personagens de ambos os sexos como protagonista.

O que os distingue com maior nitidez dos demais, entretanto, é o fato de não aparecer entre eles nenhum texto com conflito maniqueísta. Na maioria das vezes não possuem qualquer tese a ser defendida (80% dos textos) ou, menos freqüentemente, se propõem a defender tese de caráter não moral (20% dos textos).

Conforme se verificou, tanto o contexto fantástico quanto o contexto de ficção explicitada existem em função da fantasia; se o primeiro a utiliza de maneira empobrecida, o segundo procura negá-la. Aprofundando a análise das diferentes espécies de contexto presentes em nossa dramaturgia infantil, observa-se que essas duas modalidades de tratamento da fantasia equivalem a dois pólos extremos no que concerne à veiculação de mensagens moralizantes. De um lado, aparece o universo fantástico, muitas vezes amesquinhado, com forte tendência ao maniqueísmo, caracterizando uma dramaturgia de caráter mais conservador. De outro lado, surge o universo ficcional explicitado, com tendência a um didatismo voltado para a própria convenção teatral, isento de dicotomia entre bem e mal, refletindo a tentativa de diversificação na dramaturgia infantil que se configurava em meados da década de setenta.

A Temática

A aventura é a temática mais freqüente em todos os anos e em relação a todas as faixas de público, aparecendo em 70% dos textos da amostra. Constitui a maioria (81,8%) das publicações, embora se incline, seguidamente, para os conflitos de caráter maniqueísta. Geralmente a ação dos textos de aventura se desenvolve em apenas um único local, quase sempre não urbano. A supremacia do tema aventura, no entanto, vem decrescendo; entre os anos 1950-1959 constituía 90,9% da produção, ao passo que nos anos setenta representa apenas 63,9% dos textos.

Em meio aos textos de aventura, aparecem alguns que merecem destaque, por se proporem a criticar os detentores autoritários do poder político, geralmente representados pela figura do rei. A arbitrariedade do poder é questionada muitas vezes de forma cômica, em termos da contestação à bondade do soberano, da denúncia da demagogia de suas declarações, que visam tão-somente à manipulação das aspirações do povo e, até mesmo, em termos dos interesses econômicos vinculados ao exercício desse poder.

Dom Chicote – Quem mandou vocês roubarem os carneiros?
2º Homem – Foi o Rei.
Zé Chupança – O Rei?! Como pode o Rei...
3º Homem – Sim, foi ele quem mandou!
Zé Chupança – O Rei, que tem tanto dinheiro! Por que não comprou a minha lã?
1º Homem – Porque não há dinheiro que chegue. É tanto capote pra guerra, que o dinheiro do Rei não dá pra tudo!
Zé Chupança – O Rei, Dom Chicote! Mas foi o Rei quem mandou a gente procurar o ladrão!

Dom Chicote – Sim. Bem pra longe dele![11]

Outro tema que aparece com relativo destaque é o da vida cotidiana, presente em 15,7% dos textos e mais freqüentemente abordado nas peças escritas na década de setenta. Na medida em que esta temática não tem ainda um espaço garantido entre as demais temáticas habitualmente desenvolvidas pela dramaturgia infantil, em termos da política cultural vigente, há tendências contraditórias quanto à sua aceitação. Ao mesmo tempo que são os menos editados (90% deles não foram publicados) e os menos premiados (apenas 27,3% receberam prêmio), vêm recebendo maior número de subvenções do que os demais (63,7% foram subvencionados).

Em função da própria natureza do tema, as peças que mostram a vida cotidiana tendem a caracterizar mais precisamente a duração e o local da trama. É apenas entre os textos que se referem ao dia a dia que a vida urbana ganha relevo em termos do local em que se passa a ação. Do mesmo modo, essas peças têm a seu favor o fato de apresentarem predomínio de conflitos de tipo não maniqueísta.

Por outro lado, apenas entre as peças com esta temática os protagonistas de sexo feminino constituem maioria. O modelo feminino aparece como marcante muito mais freqüentemente associado à vida doméstica, âmbito que lhe é habitualmente reservado pela sociedade, do que relacionado aos vôos mais ousados representados pela aventura ou pela viagem.

O tema da viagem ou passeio, seguidamente associado à busca de um bem material ou não material,

---

11. *Dom Chicote Mula Manca e seu Fiel Amigo Zé Chupança*, de Oscar Von Pfuhl.

aparece em 4,3% dos textos. Desenvolvendo-se em contexto fantástico ou de ficção explicitada, caracterizam-se como textos que apresentam sempre uma única trama, cujo desenvolvimento, na maioria dos casos, se dá em múltiplos locais não urbanos.

Entre as peças da amostra, 10% apresentam temática dificilmente passível de codificação, que foram consideradas como de caráter indeterminado. É o caso, por exemplo, de peças que têm como tema a linguagem desenvolvida no espetáculo circense (*As Aventuras do Palhaço Pimpão*) ou o próprio fenômeno teatral (*Bom-Bom no Mundo do Teatro*).

O Conflito e a sua Solução

Como se sabe, o conflito é um dos elementos mais fundamentais na caracterização do gênero dramático. Enquanto antagonismo entre personagens, visões de mundo ou atitudes em face de uma mesma situação, é ele que imprime a marca da ação ao texto dramático.

Nesta medida, torna-se bastante significativo o fato de 18,5% das peças da amostra não apresentarem conflito principal claramente estabelecido.

Foi possível observar duas modalidades dessa ausência. Há um grupo de textos que simplesmente não apresenta conflito, enquanto que outro grupo apresenta uma particularidade bastante especial: presença de conflitos secundários e ausência de conflito principal. É o caso de textos com mais de uma trama, que não apresentam um conflito básico ao nível da peça como um todo, mas apenas conflitos esparsos que, em relação ao conjunto, têm importância apenas secundária.

Essa tendência no sentido da não definição clara do conflito principal se acentua especialmente na dramaturgia mais recente, escrita a partir de 1970. A inexistência de um eixo preciso, em torno do qual possa crescer o confronto entre as personagens, acarreta um sensível empobrecimento da ação dramática e, conseqüentemente, da totalidade do texto.

É o conflito entre personagens que se destaca na maior parcela da amostra (75,7%). Predominando em relação a todas as faixas de público, este tipo de conflito se faz presente na totalidade da produção dos anos cinqüenta e na maior parte da produção dos anos subseqüentes.

Uma porção reduzida das peças (5,7%) apresenta conflito interno como sendo o principal. Esta baixa ocorrência evidencia o quanto a dinâmica da vida psíquica das personagens é pouco considerada, em proveito de um relevo maior atribuído à ação exterior.

Através de um outro tipo de abordagem do conflito principal, torna-se possível caracterizar uma peculiaridade da dramaturgia infantil, o excesso de verbalização.

Em muitos casos, o conflito principal, embora delineado, não chega a existir de forma marcante no desenrolar da trama, por ser deflagrado exclusivamente através da fala das personagens e não da ação. Este é o caso, entre outros, de *Adeus Fadas e Bruxas* de Ronaldo Ciambroni, onde a questão básica, a partir da qual deslancham as situações, é colocada em termos exclusivamente verbais:

Príncipe – Lembram quantas estórias? Quantas aventuras? Hoje ainda existimos nas estórias que se repetem sempre e ficamos gastos. Hoje, nós moramos num canto da imaginação onde não tem luz, moramos num cantinho da cabeça onde nenhuma criança lembra da gente. Precisamos saber por que não nos querem mais, precisamos saber por que estamos sumindo cada vez mais... Amigos (*para a platéia*), antigamente aqui neste lugar era tudo muito bonito, tudo era festa... Havia muito movimento por aqui... Nós trabalhávamos tanto que ficávamos sobrando nas estórias, depois aos poucos, tudo foi acabando... A Bruxa ficou cansada de assustar e ninguém dar bola! A Fada começou a não acreditar mais na sua varinha mágica e até o mágico ficou sem graça pois todo mundo descobria os seus truques... Um dia eles foram embora da Encantalha, sabem por quê? Porque as crianças deixaram de imaginar Fadas e Bruxas e aqui dentro da imaginação ficou tudo apagado e talvez vai ficar por muito tempo se não descobrirmos o que está acontecendo.

Além de se evidenciarem na descaracterização da definição do conflito, as manifestações da verbalização excessiva podem também ser observadas através da distinção entre aquilo que é vivido em cena pelas personagens e aquilo que é apenas mencionado. Uma análise que, em termos de dramaturgia, se propusesse a quantificar a ocorrência de acontecimentos relatados pelas personagens ou pelo narrador, e não evidenciados através de ação dramática, apresentaria provavelmente resultados eloqüentes.

Quando uma ação vivida claramente em cena é o motor a partir do qual se estabelece o conflito, o texto ganha muito em agilidade e concisão. Um bom exemplo é a passagem que desencadeia as tentativas de libertação da macaca Salompas em *Capitão Vagalhão*, de Maria Cristina Diederiksen:

Salompas – Ih! Que gente dorminhoca... (*Tenta tirar com a língua os restos de bananada da lata.*) Acabou. Que pena. Será que não tem mais nenhuma lata de doce

gostoso por aí? Vamos ver (*procura em silêncio para não acordar os outros, acha um monte de latas e pega uma delas*). Nossa, quanta lata eu achei! Vamos ver essa daqui que doce terá? (*Abre.*) Parece boa. Vamos ver o cheiro como é... (*Enfia o nariz na lata.*)
(*Neste exato momento, o Capitão, que está sonhando, dá um berro.*)

Capitão — Trinta graus a estibordo. Velocidade média, quinze milhas. Vento noroeste.

Salompas — (*Leva um susto, deixa a lata escorregar e ela cai em cima de sua cabeça. Tenta tirá-la mas não consegue.*) Seu velho maluco! Tinha que ter um ataque bem agora? Que susto... E ele continua dormindo. Acho que é sonâmbulo... (*Tenta tirar a lata.*) Ih! não sai... Não consigo tirar essa coisa da cabeça... E agora? Que doce será esse que gruda tanto assim? (*Grita.*) Ai, ai, a lata não sai...

A dicotomia entre o bem e o mal, concebidos como pólos antagônicos e irredutíveis, caracteriza 50,8% das peças que apresentam conflito claramente definido. A visão de mundo nitidamente maniqueísta que vem caracterizando não só o teatro, mas a produção cultural para crianças como um todo, tem sido tema de intensos debates dentro de parcelas significativas dos grupos envolvidos com um trabalho voltado para o público infantil. Na medida em que o conflito maniqueísta implica ausência absoluta de contradição interna, as personagens que nele estão envolvidas ou se acham enquadradas dentro do pólo da ordem (bem) ou do pólo da desordem (mal). Como tais, desconhecem qualquer modalidade de ambivalência de sentimentos e funcionam exclusivamente como tipos a serviço da trama, não chegando a ter uma dinâmica própria de ação.

Embora a amostra tenha excluído propositadamente a encenação de contos mágicos tradicionais, é curioso notar como nesses textos teatrais se faz presente, de modo preciso, a seqüência assinalada por Propp[12] na análise daqueles contos: a partir de uma harmonia inicial, o mal se impõe, gerando uma desarmonia posteriormente eliminada, eliminação esta responsável pela volta ao estágio inicial. Toda a conduta que não se pautar em termos de uma ordem estabelecida e inquestionável, não podendo assim ser entendida como adequada, é taxada de má.

A conformidade a padrões de comportamento tidos como imanentes ao ser humano é o substrato a partir do qual a ação se desenvolve. Como decorrência dessa perspectiva, os procedimentos do homem ficam enquadrados dentro do campo do desejável ou do indesejável; comportar-se tendo em vista uns, evitando os outros, passa a ser o objetivo precípuo das personagens.

Ladrão – (*Levantando-se, dirige-se à platéia.*) Graças a Deus estou vivo!... Vivinho da Silva... Ai... Ai!... Machucado porque apanhei muito. Apanhei mesmo! Todos os malfeitores deviam apanhar... Apanhar bastante! Esta surra que eu levei do guarda Pedrito foi bem merecida... Eu devia apanhar mais!... (*Batendo-se.*) Toma, vagabundo... Toma, ladrão... Toma, seu sem-vergonha![13]

De modo paralelo aos exemplos extremos da fada e da bruxa, nos textos maniqueístas a bondade vem invariavelmente associada à beleza, enquanto a maldade é aliada à feiúra, seja aberta ou veladamente.

Mingota – Mas eu só queria ficar bonita.

---

12. Vladimir Propp, *Morphologie du Conte*, Paris, 1970.
13. *O Amarelento do Canal*, de João Rios.

João   – Ora, Madame, ruim como a senhora é, nunca poderá ficar bonita.
Mingota – Verdade?
Maria   – É claro, a maldade atrai a feiúra e a bondade atrai a beleza[14].

As personagens são mostradas como a corporização da essência do bem ou do mal; nenhum traço quebra a sua homogeneidade, a sua construção em bloco.

Borralheira – (*Surpreendida*.) Um vestido? Um vestido de festa? Para eu ir ao baile?...
Fada – Sim e você o merece... Tem sido tão paciente e bondosa! Tem sabido perdoar as ofensas e não é orgulhosa... Por esse motivo eu posso auxiliá-la...[15]

Alguns indícios significativos, entretanto, permitem entrever uma tendência progressiva à não valorização dos conflitos de cunho maniqueísta. Se nos anos cinqüenta o conflito entre bem e mal aparece em 63,6% dos textos, nos anos setenta ele representa apenas 25% da produção. Em termos da política cultural vigente, no período estudado, tanto a premiação tendo em vista a qualidade do texto, quanto a atribuição de subvenção tendem a considerar a ausência de maniqueísmo como um mérito.

A esmagadora maioria dos conflitos (91,2%) é claramente solucionada e essa solução se dá quase sempre (92,9% dos casos) a favor do protagonista. O baixo teor da ambigüidade presente na mensagem veiculada por essa dramaturgia pode ser atestado pe-

---

14. *A Casa de Chocolate*, de Anthony Marco.
15. *A Gata Borralheira e o Bobo da Corte*, de Rachel Silva.

la pequena parcela (8,7%) de soluções que deixam algum aspecto secundário em aberto.

O conflito pode ser solucionado de múltiplas maneiras. O mais freqüente, tanto em relação ao conflito entre personagens, quanto em relação ao conflito interno, é a solução devida ao próprio comportamento das personagens (71,9% dos casos). Entretanto, nem sempre essa modalidade de resolução é resultado de uma dinâmica de ação clara a nível das personagens envolvidas. Muitas vezes ela se dá através de uma "idéia" tida repentinamente e que, ao ser colocada em prática, invariavelmente reconduz a situação ao equilíbrio original. Mesmo este tipo de solução, aparentemente ativa por parte das personagens, seguidamente se dá de modo tão abrupto, que faz lembrar as soluções mágicas dos contos de fada.

Mestre – Espere! Tive uma idéia! Neste guiso do Tutuca deve ter um araminho. (*Pega um arame de dentro do guiso do boi.*) Aqui está ele. Agora é só enfiar na fechadura, mexer um pouquinho e... Clic, clic, pronto (*a porta se abre e todos saem da jaula*)[16].

A solução de caráter abertamente mágico, através de fenômeno extraordinário, sobrenatural ou fantástico, contrário às leis da natureza, aparece em 12,8% da amostra. Sua presença é mais comum nos textos para crianças; nenhum caso deste tipo foi encontrado entre as peças voltadas para jovens ou para crianças e jovens.

Aparecem ainda duas outras possibilidades de solução independentes do esforço humano ou da

---

16. *O Gigante*, de Walter Quaglia.

magia. Uma delas é a solução através de uma modalidade *deus ex-machina*, ou seja, mediante a intervenção inesperada de algum dado ou personagem até então ausente da trama. Outra, é a solução de tipo absolutamente fortuito, isto é, através de alteração casual na situação que originou o conflito.

O Tipo de Trama

As peças com mais de uma trama constituem minoria da amostra, enquanto que as de apenas uma trama predominam em larguíssima escala (91,4%).

Bastante rara, ou mesmo inexistente entre os textos escritos durante as décadas de cinqüenta e sessenta, a trama múltipla aparece sobretudo na produção teatral concebida ao longo dos anos setenta.

A existência de uma multiplicidade de tramas dentro do mesmo texto denota sem dúvida um tratamento mais complexo e, portanto, mais rico do enredo. Nesse sentido, é interessante observar que entre as peças com trama múltipla, 66,7% são endereçadas a um público preferencialmente infantil.

Na medida em que a trama complexa revela um cuidado especial na elaboração do enredo, normalmente se faz acompanhar de maior precisão em termos da definição do quadro espaço-temporal. Entre as peças desse tipo, seguidamente é caracterizado o espaço em que se desenvolvem os acontecimentos – Brasil, na maioria das vezes – e a ação tende a se desenvolver na contemporaneidade, em um período de até 24 horas.

É também entre esses textos que se verifica mais freqüentemente a ocorrência do *flash-back*. A combinação entre duas modalidades de enriquecimento da estrutura dramática, como o desdobramento da trama e a quebra da linearidade no tratamento do tempo, embora apareça raramente, constitui marca bastante significativa das novas tendências surgidas nos anos setenta.

Por outro lado, é significativo verificar que, à medida que o texto se torna mais complexo em função da multiplicidade da trama, o conflito tende a se descaracterizar, pois, em 83,5% das peças com mais de uma trama, o conflito não é claramente estabelecido.

A existência de apenas uma trama, por sua vez, marca a totalidade dos textos que têm conflito maniqueísta. Uma estrutura dramática simplificada, servindo de arcabouço para a veiculação da dicotomia entre bem e mal, evidencia o conservadorismo de grande parte do nosso teatro infantil.

O Narrador

Em dramaturgia, a existência do narrador – salvo exceções, entre as quais o teatro épico é das mais conhecidas – costuma revelar certa dificuldade em dotar o texto de uma dinâmica própria, que tenha a ação das personagens como elemento propulsor.

Em 27,1% das peças analisadas aparece a figura do narrador. Por vezes ele se configura como um narrador temporário: trata-se de personagem envolvida na trama, que ocasionalmente se dirige ao proscênio cumprindo o papel de narrador, voltando a atuar como personagem assim que o enredo o exigir.

As múltiplas funções exercidas pelo narrador nos textos estudados podem ser enfeixadas em cinco modalidades:

a. sintetizar o que já aconteceu em cena, subestimando tanto a clareza da encenação, quanto a inteligência do público;
b. introduzir personagens ou cenas, que, se bem caracterizadas, teriam significado em si mesmas;
c. ligar cenas, o que seria desnecessário caso a própria encenação propusesse um código que pudesse funcionar como elo;
d. comentar a ação, modalidade em que o autor, não tendo conseguido se expressar satisfatoriamente a nível da construção dramática, manifesta seus pontos de vista através do narrador;
e. concluir a trama fornecendo a moral, o que assegura o caráter inequívoco da mensagem e seria dispensável caso a ação se sustentasse em si mesma.

O narrador costuma funcionar, portanto, como uma espécie de coringa, a serviço do suprimento de lacunas oriundas de insuficiências do autor na manipulação do gênero dramático.

O Tratamento do Tempo

Uma linearidade absoluta marca o desenvolvimento da ação na dramaturgia infantil, onde a seqüência cronológica dos acontecimentos costuma ser fielmente reproduzida. Apenas em 2,8% dos textos aparecem quebras nessa linearidade, através da inserção de um ou mais *flash-backs*.

Em todas as peças em que há *flash-back*, entretanto, surge também a figura do narrador, seja do tipo que não se envolve na trama, seja do tipo que é também personagem ativa. Ao romper a seqüência cronológica – sem dúvida um recurso pode-se dizer ousado em termos de dramaturgia infantil – os autores procuram garantir a decodificação da mensagem através do narrador, encarregando-o de explicitar a ruptura temporal para o público.

No tocante à época em que se desenvolve o enredo, a indeterminação (40% dos casos) é a particularidade mais marcante. Agrupando os textos que se passam em época indeterminada e aqueles que se desenvolvem em um passado indeterminado, isto é, sem indícios claros para datação (7,1%), verifica-se que a indeterminação quanto ao quadro temporal caracteriza quase a metade da amostra.

Enquanto em 30% das peças a trama se desenrola no presente – década de sessenta e setenta – há determinado grupo de textos (10% da amostra) que apresenta uma curiosidade em termos de definição da época. São peças onde aparecem concomitantemente indicadores que caracterizam a ação como ocorrendo no passado e indicadores que a caracterizam como se desenvolvendo no presente. Essa concomitância entre passado e presente acaba resultando em outra modalidade de indefinição, como é o caso, por exemplo, de *A Bruxinha Rebelde*, de Maria Clara Machado, em que coexistem lampiões, archotes, praias interditadas pela poluição e dedetização contra insetos.

Nos 12,8% restantes das peças, a época em que se desenrola o enredo é definida como passado datado ou como época tida como mista, ou seja, combinação de presente, passado e futuro.

No que se refere à duração da trama, a indeterminação também é a característica mais marcante, estando presente em 40% da amostra. Ao longo do período analisado, foi possível verificar uma nítida tendência no sentido do aumento desta indeterminação.

Outra modalidade menos acentuada desta indefinição pode ser encontrada nos textos que se desenvolvem em mais de um dia, mas não se sabe exatamente durante qual período de tempo (14,3%).

De maneira geral, pode-se afirmar que a trama que se desenvolvesse em um período mais amplo exigiria do autor um fôlego maior em termos do encadeamento das cenas. Quando fica definido o período durante o qual se desenvolve a trama, o espaço de até um dia é o que mais aparece (35,7% dos textos), seguido de até uma semana (5,7%), até um mês, alguns meses e alguns anos, com 1,4% cada.

O Local

O local em que a trama se desenvolve foi analisado tendo em vista, por um lado, o espaço amplo físico-político e, por outro, o contexto urbano ou não urbano.

Em relação à primeira abordagem, foi possível concluir que, embora o Brasil seja preferencialmente definido como o local em que as situações se desenvolvem (42,9% das peças), a indeterminação do espaço caracteriza parcela também considerável da amostra (34,3%).

Além desses, 22,8% dos textos apresentam como local da trama outro país, outro planeta, país fantástico, lugar abstrato como céu, por exemplo, ou ainda, a combinação de vários desses locais.

Por outro lado, o contexto não urbano é o pano de fundo de 34,3% dos textos, podendo apresentar-se seja como nitidamente rural, seja como floresta, mata, castelo ou palácio. Neles, a natureza é vista como aliada dos protagonistas e perene fonte de bem-estar.

A vida urbana aparece em apenas 18,6% dos textos e é invariavelmente encarada como nefasta ao ser humano. A cidade é sempre identificada com aquilo que tem de mais estereotipado, como a poluição, o movimento frenético ou a falta de comunicação entre as pessoas.

Amarela – (...) Imaginem que, mal os homens acabam de construir... um prédio, por exemplo, essa aí (*aponta para a Cinza*) vai correndo e pinta tudo de cinza!
Vermelha – E os viadutos, então? Tudo cinza!
Azul – As avenidas! O asfalto das ruas: cinza escuro!
Amarela – E o céu, e as casas cheias de fumaça![17]

O contexto urbano é sempre mostrado em contraposição à vida em contato com a natureza, tendo em vista o enaltecimento dos incontáveis benefícios desta última.

Salompas – Ele (*Capitão*) deve então ter muita saudade do mar, mesmo morando assim numa casa tão alta e comprida. É verdade que mora um montão de gente lá dentro?
Pão Duro – Isso que você chama de casa comprida, aqui na cidade eles chamam de prédio. Há muitos prédios na cidade grande. Muita gente morando nos prédios.
Salompas – Mas vocês vivem todos empilhados aí?
Pão Duro – Empilhados...
Salompas – Que engraçado! Existe tanta terra, tanto lugar bonito por aí...

---

17. *Este Mundo é um Arco-Íris*, de Alceu Nunes e Ronaldo Ciambroni.

Super Etc – A gente vive viajando por aí. Pra gente é estranho ver pessoas vivendo assim espremidas, parecendo gaveta de armário[18].

A indeterminação também se evidencia no tocante ao lugar onde se desenrola o enredo, pois em grande parte das peças da amostra a ação ocorre em local interior não determinado, em reino, país ou terra sem maior especificação.

A partir desta caracterização de como se apresenta o enredo das peças infantis, torna-se possível esboçar alguns contornos definidores desta modalidade teatral.

Uma das peculiaridades que mais se salienta é a elevada incidência de conjecturas e referências à ação, paralelamente à ação propriamente dita. A existência de conflitos desencadeados exclusivamente através da fala das personagens, de explicações superpostas à trama e de narradores preenchendo lacunas ou explicitando algum aspecto do entrecho, atesta a inserção de procedimentos externos à ação dramática, dentro do texto teatral. Por outro lado, esta dramaturgia seguidamente se caracteriza por intensa movimentação em cena, que se aproxima muito de um desenrolar quase frenético de ações.

Estas duas particularidades, ao contrário do que poderia parecer, não são paradoxais, mas simplesmente evidenciam uma dificuldade dos autores em trabalhar com o elemento básico do gênero dramático, a ação. Nos textos infantis, ela tende ou a não existir enquanto eixo a partir do qual decorre o en-

---

18. *Capitão Vagalhão*, de Maria Cristina Diederiksen.

redo, ou a se configurar como movimentação desenfreada no palco. O que costuma ocorrer é a ausência de uma dinâmica dramática própria, que seja geradora de ação.

A nível do desenrolar da intriga, observa-se um absoluto descuido em termos da definição do quadro espaço-temporal. Há, portanto, uma ausência de preocupação no sentido de enquadrar os acontecimentos dentro de um contexto claramente configurado. Nessa medida, as informações relativas a tempo e espaço, que deveriam tecer o pano de fundo da ficção teatral, não são encaradas como elementos que acarretam implicações muito diretas e precisas no desenvolvimento da trama.

Esta peculiaridade da ficção teatral dirigida à infância parece encobrir, em última análise, uma perspectiva do real também desvinculada das injunções de tempo e espaço às quais se acha sujeito. Em conseqüência, parece ser também pouco provável que, através da decodificação de um espetáculo infantil, o espectador possa apreender em que medida o processo histórico acarreta contínuas transformações na realidade vivida pelo ser humano.

No que se refere especificamente à temática abordada, é a ausência de temas relacionados à realidade cotidiana vivida pelo destinatário da emissão teatral – basicamente a criança de contexto urbano – o que se observa mais nitidamente. Questões como os hábitos impostos pela sociedade de consumo, conflitos de ordem social ou as relações de poder dentro da família e da escola, por exemplo, não costumam ser abordadas enquanto problemática central, no período analisado.

Dentro desta perspectiva, opor simplesmente realismo e fantasia seria falsear o problema, na medida em que, em se tratando de ficção, dicotomizar a realidade vivida e o mundo imaginário das personagens se constituiria em uma tarefa desprovida de interesse e significação. Não se trata, portanto, de reivindicar aqui um tratamento realista para esta dramaturgia, já que, por si só, o realismo seria insuficiente para assegurar a qualidade do texto ou a inexistência de um enfoque didático. O que seria essencial, antes de mais nada, é que, através das transposições simbólicas permitidas pela linguagem teatral, fosse retratada uma temática ampla, que encontrasse ressonâncias em relação às condições de existência do público ao qual o teatro infantil se destina.

A possibilidade de múltiplas leituras, que é uma das prerrogativas inerentes à obra artística plenamente realizada, praticamente inexiste em termos de dramaturgia infantil. Ao abrigar conflitos de ordem maniqueísta, soluções quase sempre claramente dadas e, em muitos casos, a presença do narrador, ela se define, basicamente, por ser inequívoca. Todas estas peculiaridades asseguram à produção teatral endereçada à criança uma mensagem isenta de ambivalência, cuja decodificação não permite ambigüidades.

Assim sendo, poder-se-ia perguntar qual o tipo de posicionamento diante da realidade que vem sendo favorecido por esta modalidade teatral. A partir da constatação de que, a nível da trama, o que aparece é a ausência de contradições, é provável que esta dramaturgia possibilite a apreensão da realidade à volta do espectador, apenas em termos igualmente estanques e fragmentados.

Simultaneamente a essas limitações, foi possível verificar, entretanto, uma tendência renovadora na dramaturgia encenada em São Paulo ao longo dos dois últimos anos do período estudado. Os temas abordados tendem a se diversificar e o maniqueísmo se torna progressivamente menos freqüente. Ao invés de objetivos moralizantes, os textos passam a veicular mais seguidamente teses de ordem não moral, através de tramas complexas, nas quais muitas vezes o próprio fenômeno teatral é explicitado. Por outro lado, paradoxalmente, tais tendências estão acompanhadas pelo agravamento de uma insuficiência bastante comprometedora: a crescente ausência de conflito, elemento fundamental no texto dramático.

3. OS RECURSOS DRAMÁTICOS

A dramaturgia infantil se caracteriza pelo emprego de alguns recursos que, apesar de não serem exclusivos da produção teatral dirigida à criança, por sua aparição freqüente nesta modalidade cultural, acabam por revesti-la com traços particulares.

Assim sendo, a investigação vai se deter nas funções exercidas dentro do texto teatral, pelos recursos dramáticos que apareceram com destaque na amostra.

Da mesma forma que a análise do enredo permitiu apreender características peculiares na dramaturgia infantil, o estudo da utilização destes recursos pode trazer contribuições importantes para o conhecimento do produto teatral endereçado ao consumo das crianças.

Ao longo deste capítulo serão analisadas a música, a comicidade, as modalidades de envolvimento do público e, por último, as modalidades de explicitação da convenção teatral.

A Música

A música é encontrada em 95,7% das peças da amostra, constituindo-se portanto em elemento praticamente obrigatório nos textos teatrais infantis.

Na maioria das vezes em que aparece, é emitida sob responsabilidade dos realizadores do espetáculo, seja através da voz dos atores, de som ao vivo ou gravado, ou ainda da combinação entre essas modalidades.

Em raras ocasiões (2,3% das músicas da amostra) o público e os atores, juntos, são os emissores da música. Em todas as peças em que aparecem músicas cantadas também pelo público, sempre há outras emissões musicais sob responsabilidade exclusiva dos realizadores do espetáculo.

No que se refere à sua natureza, as músicas propostas pelos autores variam bastante.

Chama a atenção, inicialmente, a alta incidência de músicas indeterminadas (35,5% das músicas da amostra), ou seja, sobre as quais o texto não fornece indicação precisa. A rubrica indica apenas que a situação deve estar envolvida por uma emissão musical, sem qualquer especificação, como por exemplo "ouve-se música de fundo" ou "música de suspense". Nesses casos, o encenador tem total autonomia na escolha da música que lhe parecer mais adequada.

No entanto, o tipo de emissão mais freqüente em nossa dramaturgia infantil é o das letras musicais compostas em função do texto, sem qualquer indicação de partitura (45,7% das músicas da amostra). Ao encenador caberia, nesses casos, propor uma melodia, inédita ou não, na qual a letra pudesse ser encaixada.

Apenas em 3,6% das músicas da amostra, tanto a letra quanto a melodia vêm explicitadas dentro do texto, especificação esta que revela um cuidado particular no tocante à inclusão desse recurso na dramaturgia.

Outra pequena parcela das músicas da amostra apresenta características diversas das já apontadas: 9,4% das músicas são conhecidas do público, por terem letra e melodia já consagradas; 4,8% se constituem em melodias consagradas; 0,8% tem letra composta em função do texto, aliada à melodia consagrada e apenas 0,2% tem melodia composta em função do texto.

Assim sendo, quando no texto se explicita uma passagem musical, a tendência mais marcante é a de que essa explicitação ocorra em termos da letra e não da melodia ou da combinação entre as duas.

Em termos do papel que lhe tem sido reservado dentro do texto teatral para crianças, a música pode exercer múltiplas funções.

A função mais freqüente (34,9% das músicas da amostra) é aquela que caracteriza o espetáculo musical, ou seja, ser parte integrante da ação. Muitas vezes é através da música que a personagem se apresenta, propõe plano ou entra em conflito com outra, por exemplo.

Pop — Boa noite, voltei
Vim brincar com vocês
Entrei aqui escondida
Pela grade da galeria

Eu vim ver meus amigos
Correndo um grande perigo
Se o dono da loja me ver
Uma sova bem grande vou ter

Todos – Boa noite, Pop
Garota legal
Ficamos tão contentes
De vê-la outra vez
Esperamos o dia inteiro
Até a noite chegar
Pra contar o que aconteceu
Passamos o dia corrido
Com medo de ser vendidos
Mas enfim chegou a noite
A noite trouxe você[1].

Outra função bastante comum (27,8% das músicas da amostra) é servir de pano de fundo para a ação dramática ou dança, contribuindo para a criação de um clima específico. Em geral, as músicas que exercem esse papel costumam ser indeterminadas no que se refere à sua natureza.

(*Do outro lado do palco acende-se a luz. É o laboratório do Doutor Curto-Circuito. Música eletrônica.*)[2]

Há muitos casos em que a música não chega a apresentar uma função específica dentro do texto (22,7% das músicas da amostra). É o que acontece quando ela aparece desligada do jogo de forças presente na ação dramática. Como decorrência, nessas ocasiões a música acaba tendo uma função que pode ser classificada como indeterminada, na medida em

---

1. *Pop, a Garota Legal*, de Ronaldo Ciambroni.
2. *O Espaçolino Visita a Terra*, de Ruben Meyer e Dan La Laina.

que não se vincula diretamente ao desenrolar da trama.

Gato — (*Falando dormindo.*) Música. Música.
Cachorro — Ele quer música!
Porquinho — Quer sim. Vamos cantar.
Cachorro — Cantar eu sei. Eu sou cantor. (*Vai a um canto e, gesticulando exageradamente, canta seresteiramente, porém muito cômico.*)
"Ó Jardineira, por que estás tão triste?
Mas o que foi que te aconteceu?
Foi a Camélia que caiu do galho
Deu dois suspiros e depois morreu.

Vem, Jardineira. Vem meu amor
Não fiques triste que este mundo é todo teu
Tu és muito mais bonita que a Camélia que morreu"[3].

A consagração do final feliz é outro papel cumprido pela emissão musical em certas oportunidades (6% das músicas da amostra). Através de músicas que concluem a trama, os encenadores obtêm sustentação para o clima de euforia que caracteriza quase sempre a apoteose dos espetáculos infantis.

Chegamos ao país do futuro
Este país todinho de vocês
Vamos amá-lo. Vamos estudar
Garotada querida, garotada,
Agora nós vamos embora
Viajando por este país
Desejando a todos vocês
Um futuro muito, muito feliz...[4]

---

3. *Vira-Latas em Apuros*, de Jurandyr Pereira.
4. *As Aventuras do Palhaço Pimpão*, de Waldemar Sillas.

A música pode funcionar também como instrumento portador de magia (2,8% das músicas da amostra), quando através dela ocorre fenômeno extraordinário ou fantástico, contrário às leis naturais.

Lua — D. Maga, tire esse encantamento dela. Bichinhos não podem falar língua de gente, a não ser como papagaio. É melhor a senhora dar a mim o dom de entender a fala dos animais.

Maga — (*Canta*.)
Nós queremos aprender
A fala dos animais
Nós queremos entender
Seus desejos e tudo o mais
Quanta coisa interessante
Nos dirá o elefante
E o esquilo e o castor
E o pássaro cantor
Em magia, essas coisas
Já são mais do que normais
Nós vamos entender
O que dizem os animais.

Lua — Será que deu certo? Digam alguma coisa, Mimi e Fifi.
Mimi — Será que a senhora nos entende?
Fifi — Está entendendo o que dizemos, D. Lua?
Lua — Estou! Que maravilha! Agora vou saber por que é que vocês brigam tanto[5].

Em nossa dramaturgia infantil apenas em raras ocasiões (2,3% das músicas da amostra) a música é introduzida para acrescentar algum comentário exterior à ação dramática propriamente dita.

Trovador — Pobre Julinha, pobre Romão!
       Não pedem muito ao futuro

---

5. *O Rapto da Lua*, de Telassim Rodrigues.

> Que fiquem juntos na paixão
> E que a sorte conseguida
> Após trabalho e esforço duro
> Tenha o tamanho de uma vida
> E não a brevidade colorida
> De uma bolha de sabão[6].

Outra função atribuída à música é a de consagrar uma relação amistosa entre personagens, durante o desenvolvimento da trama (1,9% da amostra).

(Entra uma música e o lobo começa a dançar. Convida os dois para dançar com ele. Começam a dançar os três e o lobo começa a cantar uma música na qual os outros dois ajudam-no no refrão ou estribilho.)[7]

Como última função apreendida, aparecem músicas através das quais algum fato é relatado para o público, ou acontecimentos já ocorridos em cena são rememorados (1,5% da amostra). Nesses momentos, a música funciona como um verdadeiro narrador.

> Da fumaça do faz-de-conta
> Nasceu um tal de Sr. Ferrão
> A favor do amor era assim
> Mas o vento o fez mudar de opinião
>
> Quando ia fazer compras
> Vinha a ventania e com tudo sumia
> Ao chegar em sua casa
> Apanhava da mulher
> E a culpa ao vento ia

---

6. *Romão e Julinha*, de Oscar Von Pfuhl.
7. *O Lobinho Careca*, de José Roberto Caprarole.

O seu pomar... O vento esvaziou
Os seus olhos... O vento empoeirou
Os seus cabelos... O vento desmanchou
E um furacão quase o carregou

Foi então que resolveu
Ver onde o vento morava
Saiu a caminhar
Encontrando um reino
Onde um leão reinava[8]

Por sua vez, tanto a natureza quanto o papel desempenhado pela música na dramaturgia infantil podem ser pensados também em relação ao seu emissor.

Quando o texto indica que a emissão musical é responsabilidade dos realizadores do espetáculo – atores e/ou sonoplastia – a tendência mais marcante é aquela já salientada: explicitação da letra e não da melodia ou da combinação entre as duas. Em termos da função exercida, em 34,1% desses casos a música é parte integrante da ação.

No entanto, quando o público também é convidado a participar da emissão musical, o quadro se altera. Nessas circunstâncias, a maioria das músicas passa a ter letra e melodia já consagradas – seja popular ou folclórica – e apresenta função indeterminada (75% e 53,5%, respectivamente).

Configura-se, portanto, uma clara tendência à solicitação do público para colaborar com os atores em músicas já conhecidas, que dentro da trama desenvolvem papel pouco relevante.

---

8. *Uma Viagem à Casa do Vento*, de Luciano Tadeu.

A Comicidade

A comicidade é o elemento que caracteriza de maneira mais ampla a nossa dramaturgia infantil. Todas as peças estudadas apresentam recursos cômicos que, por vezes, se encontram dispersos ao longo do texto, mas, de modo geral, chegam a se repetir de tal forma que acabam emprestando um tom decididamente cômico ao enredo teatral infantil.

No entanto, a análise dessa comicidade não se coloca como tarefa das mais simples. Em relação a alguns procedimentos, é possível afirmar indubitavelmente que se tratam de incidentes que pretendem provocar o riso. No que se refere a outros, porém, a comicidade inerente pode ser considerada como discutível, mesmo a nível do texto, sem pensar na ênfase que o ator eventualmente daria às manifestações tidas como cômicas durante a encenação. Esses procedimentos, classificados como provavelmente cômicos, constituem 45,9% de todos os procedimentos cômicos detectados dentro da amostra.

Sonoplastio – O Fosseco vai trazer o cobertor do pai dele, escondido!
Fosseco – O cobertor é fácil, o difícil é tirar o meu pai de cima[9].

Esta caracterização inicial dos recursos cômicos, como sendo indubitável ou provavelmente provocadores de riso, já permite uma primeira aproximação no sentido de apreender o tratamento que a comicidade vem sofrendo em nossa dramaturgia infantil.

No intuito de conhecer as formas de comicidade de que se valem nossos autores, foi necessário recor-

9. *Menino não Entra... Menina não Entra...*, de Ronaldo Ciambroni.

rer a um referencial teórico que pudesse nortear a investigação. Assim sendo, a abordagem escolhida foi a teoria do cômico desenvolvida por Bergson[10], visto possibilitar a criação de um instrumental de análise bastante abrangente em termos da classificação dos recursos cômicos. As categorias que foram montadas tendo em vista este trabalho, portanto, são fruto da aplicação dos princípios teóricos bergsonianos às modalidades cômicas efetivas observadas nos textos teatrais para crianças.

A comicidade verbal é o tipo mais freqüente, presente em 29,3% dos procedimentos cômicos da amostra. Ela se caracteriza como um incidente que pretende provocar o riso através de recursos da própria linguagem, seja mediante equívoco provocado pela diversidade de acepções de uma palavra, seja através de mecanismos que acentuem a rigidez dessa mesma linguagem.

José – (...) Falai em segundo lugar, príncipe Luís IV.
Príncipe – Não tem quarto, majestade.
Salomé – Não tem quarto? Então onde é que Vossa Alteza dorme, na cozinha?
Príncipe – Perdão, majestade. Eu quis dizer que meu nome é Luís II[11].

Aparece em seguida a comicidade de gestos ou movimentos, presente em 28,6% dos casos. Caracteriza-se como um incidente que pretende provocar o riso através de gestualidade ou movimentação motivada por circunstância exterior à personagem. Segundo a teoria de Bergson, trata-se de uma modali-

---

10. Henri Bergson, *La risa – Ensayo sobre la significación de lo cómico*, Buenos Aires, 1953.
11. *No País do Não sei Ler*, de Mario Bruni.

dade em que o cômico é acidental, permanecendo na superfície do indivíduo.

Lobo – Nossa, acho que eles me viram. Vou disfarçar-me primeiro. (*Corre pegar o disfarce. Faz a maior confusão possível. Começa a escolher o que vai vestir, mas corre e coloca uma flecha. Mistura tudo. Pendura a barba e roupas nas flechas e acaba escondendo-se com uma flecha na frente. Os porquinhos entram.*)[12]

Em relação à boa parte dos procedimentos cômicos encontrados (28,1%), não foi possível obter uma classificação satisfatória, na medida em que se configuram como procedimentos não identificados, rotulados como comicidade indeterminada.

Mexicano – Meu amigo mescalero... Era um hombre mui ilustre como usted, juiz na ciudade de Guadalajara e descendente de la família de Pancho Villa que tinha uma prima cujo sogro descendia de la família de Zapata también do Ceará...[13]

O exemplo citado ilustra bem outro aspecto relevante do cômico na amostra analisada. Seguidamente essa comicidade não pode ser identificada como tal pelo público infantil, pois necessita de um referencial cultural adulto para ser decodificada.

A comicidade de situação – encadeamento de acontecimentos que, por apresentarem um componente mecânico, provocam o risco – se faz presente nos textos através de duas variantes: a repetição e o qüiproquó.

A comicidade de repetição, que aparece em 9,4% dos casos, manifesta-se através de combinação

---

12. *Quem tem Medo do Lobo Mau*, de Alessandro Memmo.
13. *Tribobó City*, de Maria Clara Machado.

de circunstâncias que se reproduzem em mais de uma ocasião. De acordo com Bergson, a repetição nos faz rir porque simboliza um jogo completamente mecânico e sugere certo automatismo desprovido de vida. Quando um incidente se repete, não é mais o gesto ou a palavra que fazem rir, mas a própria constatação da repetição, que ilustra o automatismo referido por Bergson.

(Começam a sair pé ante pé. De repente, Juca toca violão e vocaliza. Os três continuam a andar. Esta cena pode ser repetida duas ou três vezes da maneira mais cômica possível, até que os três sumam de cena.)[14]

O qüiproquó aparece em 4,6% dos casos. Pode ser definido como o incidente que pretende provocar o riso através de personagens que conhecem apenas um aspecto de uma situação ambígua, equivocando-se em relação àquilo que ocorre ao seu redor e àquilo que elas mesmas fazem. O exemplo que se segue foi extraído de *Maroquinhas Fru-Fru*, de Maria Clara Machado. Cosme e Damião perseguem o ladrão Ubaldino; outras personagens, sentindo-se culpadas por faltas anteriormente cometidas, acreditam ser o objeto da perseguição.

Cosme e Damião – Pega ladrão!
Bolandina – Fomos descobertos, vamos fugir! (*Sai puxando Sapatos. Atrás dela vem também fugindo Ubaldino Pepitas, atrás Cosme e Damião. Forma-se um verdadeiro cortejo. Aparecem as Flores, em silêncio, procurando a receita no chão. De repente ouvem o "pega ladrão" e fogem dando de encontro com Bolandina que*

---

14. *O Mundo Colorido de Juca Dó-Re-Mi*, de Pasqual Lourenço.

	vem voltando. Saem de cena. Aparece Eulálio Cruzes.)
Eulálio	– Agora tomei coragem, vou raptá-la. Morro de amor! (*Ouve-se a voz de Cosme e Damião: "Pega ladrão!".*) Fui descoberto. Sacripanta, o que dirá o vigário?

Para que os qüiproquós possam se estabelecer, os autores costumam lançar mão de freqüentes entradas e saídas de cena, muitas vezes forçadas e desvinculadas da própria dinâmica da tensão dramática.

É importante acrescentar que em quase todos os textos analisados (92,8%), coexistem simultaneamente várias modalidades de procedimentos cômicos. A comicidade de gestos é a modalidade que mais freqüentemente pode ser detectada como indubitavelmente cômica, ao passo que, entre os procedimentos de tipo verbal e os de tipo indeterminado, a comicidade tende a ser mais provável do que garantida.

A tendência, por parte dos autores de teatro infantil, de exploração da comicidade em suas peças é inquestionável. Os textos, freqüentemente sobrecarregados de tiradas pretensamente cômicas, são, antes de mais nada, um convite à diversão.

Segundo a própria teoria de Bergson, contudo, o cômico pode atingir uma profundidade maior, quando deixa de se configurar como acidental e, portanto, periférico. É o que ocorre com a chamada comicidade de caracteres, na qual tudo o que existe na personagem como um mecanismo capaz de funcionar automaticamente, escapando portanto à sua própria consciência, acaba resultando cômico.

Tal modalidade praticamente inexiste em nossa dramaturgia infantil. A comicidade presente nas personagens-tipo, que, à primeira vista, poderia ser entendida como sendo de caracteres, quando examinada mais em detalhes se revela excessivamente superficial para ser enquadrada naquela categoria. Trata-se de comicidade que não se refere às personagens em si mesmas, permanecendo exterior a elas.

Dito em outras palavras, isso significa que no teatro infantil o cômico não se faz presente nos elementos individualizadores e identificadores da personagem, mas naquilo que ocorre com ela.

O Envolvimento do Público

Na dramaturgia infantil, a intenção de promover o interesse da platéia em relação àquilo que está acontecendo no palco se manifesta através de modalidades bastante definidas de apelo dirigido ao público, a serem propostas no momento do espetáculo.

Os textos costumam se valer de certos procedimentos que, tornando menos rígida a distinção palco-atuantes/platéia-espectadores, visam a envolver o público na trama, de forma direta ou indireta, oferecendo-lhe diferentes graus de possibilidade de atuação.

Dentro da amostra estudada, 60% dos textos apresentam alguma modalidade de procedimento visando ao envolvimento do público. Entre estes procedimentos, no entanto, é preciso realizar uma primeira distinção.

Uma parcela maioritária (58,5%) não abre qualquer brecha para uma participação direta do público. São casos de falas ligadas ou externas à trama, nas quais o público é mencionado ou há rubrica indicando que o ator deve se dirigir à platéia. Na medida em que, a nível do texto, não há referência à possibilidade de os espectadores se manifestarem em relação a falas a eles dirigidas, esses procedimentos procuram envolver o público de maneira apenas indireta[15].

Rosa – (*Senta-se novamente no meio das crianças da platéia.*) Agora, pessoal, vou ficar novamente aqui e ver o que acontece. Vamos ver o que vai acontecer no palácio do governador[16].

A outra parcela dos procedimentos que buscam envolver o público (41,5%), ao contrário, abre brechas para uma participação dos espectadores tida como direta e ativa. Uma análise cuidadosa dos procedimentos incluídos neste segundo grupo coloca-se como fundamental a esta altura da exposição.

Sempre que se apela à participação direta do público, a sua interferência é estritamente controlada pelos emissores do espetáculo. Sabe-se de antemão como ela irá se operacionalizar, ou seja, essa interferência é sempre realizada dentro de um quadro de possibilidades previamente estabelecido. O campo de atuação da platéia é claramente delimitado *a priori*.

Na grande maioria dos casos (79,2%), o objeto do apelo à participação é o público em sua totalidade. Em outros (13,6%), o objeto é uma criança isolada ou um grupo de crianças. Há ainda ocasiões (7,2%) nas quais não fica claro se a solicitação é dirigida à platéia toda ou a algumas crianças individualmente.

---

15. É importante reiterar aqui que estou trabalhando apenas com as diferenciações que o texto permite realizar. Por ocasião da montagem, o encenador evidentemente poderia alterar as sugestões propostas pelo autor.

16. *A Festa das Mil Crianças*, de Pasqual Lourenço.

No que diz respeito à duração dessa interferência dos espectadores, em 93,6% dos casos não há qualquer menção. Nos restantes 6,4% dos casos, a rubrica indica que cabe aos atores delimitar a duração da participação do público. Embora essa duração só possa ser efetivamente definida a cada espetáculo, é significativo que, nem ao menos em termos de tempo, apareça por parte dos autores alguma preocupação mais profunda em torno da questão da interferência da platéia.

A participação direta do público pode vir revestida de múltiplas formas. A modalidade mais comum (38,4% dos casos) é aquela que solicita ao público uma resposta à pergunta relativa à ação dramática.

Coelho – A Patinha está presa no castelo. Espere... Para confirmar eu vou perguntar para os meus amiguinhos. A Patinha está presa no castelo? Está? Como? Quem?[17]

O fato de as questões quase nunca possibilitarem respostas divergentes acaba ocasionando, muitas vezes, uma verdadeira manipulação da platéia em termos da conduta desejada pelos realizadores do espetáculo.

Tia Clara e Pedrinho – (*Juntos, olhando para a platéia e em voz alta, com os sorrisos amarelos persistindo.*) E vocês também nunca viram lobo comer fantasmas, não é? (*Fazem sinal de negação, orientando a resposta da platéia.*)[18]

A modalidade que aparece em segundo lugar (16%) é a das participações de tipo indeterminado,

---

17. *O Castelo e a Feiticeira*, de Amilton Duarte e Miriam Ribeiro.
18. *O Lobinho Careca*, de José Roberto Caprarole.

que reúne procedimentos impossíveis de serem rotulados de maneira única.

Rosa – (*Com as crianças da platéia.*) E nós aqui também vamos brincar de chorar... (*Com sua liderança faz com que algumas crinças "brinquem de chorar". Ela mesma chorará bastante em tom de brincadeira.*)[19]

Em 12,8% dos casos em que a interferência direta do público é solicitada, essa solicitação se faz em termos de resposta à pergunta externa à ação dramática.

Pandareco – (*Ao público.*) Vocês prometem estudar bastante? Vamos estudar, nunca faltar aos deveres e nunca faltar às aulas, prometem?[20]

O público é chamado a cantar com os atores (vide, neste mesmo capítulo, o item referente à música) em 12% dos casos. Nessas ocasiões o apelo é sempre dirigido ao público como um todo.

Em outras oportunidades (6,4%), os espectadores são convidados a delatar as personagens más.

Coelho – Onde você está escondido, bandido covarde? (*Público*) Onde será que ele se meteu? (*Ouve o público.*) Onde? Ah! Agora já sei onde você está![21]

É interessante observar, no entanto, que, apesar da denúncia do elemento mau ser incentivada muito seguidamente, ela é propositadamente desprezada por parte de quem a solicitou. No próprio texto fica

---

19. *A Festa das Mil Crianças*, de Pasqual Lourenço.
20. *O Travesso Pandareco*, de Rachel Silva.
21. *Um Coelho Cow-Boy*, de Oscar Felipe.

explícito que a delação não chega a interferir no desenvolvimento da trama. Obviamente, com esse procedimento passam a ser dadas condições para a instalação de um clima de balbúrdia e justa indignação.

Lobo – (*Saindo de trás da flecha.*) Ufa! Até que enfim! Eu pensei que eles fossem descobrir. E vocês não precisavam falar nada, quem eu era! Ainda bem que eles não entenderam[22].

Chamar personagem, apelo que atinge sempre a totalidade dos espectadores, é outra forma prevista de participação, em 4% dos casos.

Outra parcela também pouco significativa das formas de participação é representada pelo apelo à execução de uma ação no palco (4%). Entre todas as modalidades, é esta a que apresenta a maior freqüência de atores delimitando a duração da interferência do público, provavelmente por ser a que promove contato mais direto com a cena.

Espaço – Agora só falta inutilizar a máquina, mas ela é muito grande. Precisaremos de ajuda.
Tininha – Vamos chamar os nossos amiguinhos? (*Indica a platéia.*)
Espaço – Boa idéia! Ótimo! Com a colaboração das crianças tudo ficará fácil.
(*Tininha e Espaçolino obtêm a colaboração das crianças, que estão na platéia, que depois voltam para os seus lugares. Espaçolino está radiante pela vitória obtida.*)[23]

O convite para aplaudir personagens ou conquistas por elas obtidas durante o desenvolvimento da

---

22. *Quem tem Medo do Lobo Mau*, de Alessandro Memmo.
23. *O Espaçolino Visita a Terra*, de Ruben Meyer e Dan La Laina.

ação representa 3,2% de todos os casos de apelo à participação direta.

A última modalidade detectada é a solicitação para julgar, optar ou decidir, presente em 3,2% dos casos, modalidade esta que merece exame mais minucioso. Quem julga, opta ou decide, o faz escolhendo, no mínimo, entre duas alternativas possíveis. Na medida em que no texto se solicita que a platéia escolha entre duas ou mais alternativas propostas, é de se esperar que ele também sugira dois ou mais diferentes encaminhamentos para a trama, em função da escolha do público. No entanto, em todos os casos em que cabe à platéia julgar, optar ou decidir – modalidades que, conforme se esperaria, deveriam apresentar implicações diretas no desenvolvimento da trama – o texto apresenta apenas um único encaminhamento para a ação dramática.

Pelo fato de o desenvolvimento da ação nesses casos vir explicitado no texto como um desenvolvimento inequívoco, é possível constatar o quanto é dirigida essa "escolha" do público. Caso houvesse verdadeira possibilidade de os espectadores darem a palavra final, a conclusão da trama seria obrigatoriamente deixada em aberto.

Leão – Até que enfim nos encontramos de novo, heim? Pois agora vou tirar minha desforra! Ilustre colega da defesa, posso começar? Então lá vai a acusação. (*O ator deve improvisar o texto de acordo com seu talento. Toda vez que ele pára, a pantera, como única defesa, atravessa a cena mostrando uma placa onde se lê: "O Piauin estava brincando". A cena se repete umas três vezes.*) Bem, a acusação terminou. A defesa também? Então, o que dizem os senhores jurados? O Piauin é...

Rato – (*Pula em cena.*) Inocente ou culpado?

> (*Espera-se que, dado a popularidade da Pantera, o Piauin seja absolvido.*)

Chapeuzinho – Então a maioria é quem manda: o Piauin está perdoado![24]

A pretensa abertura do teatro infantil em relação à interferência do público pode ser questionada também no que diz respeito à função que lhe é reservada dentro do texto.

Apenas em 7,2% de todos os casos, a participação pode ser tida como efetiva, ou seja, apresenta ou (mais seguidamente) deveria apresentar implicações diretas no desenvolvimento da trama. Essa efetividade na participação que, conforme já se verificou, dificilmente é levada às suas últimas conseqüências, chega a se esboçar apenas quando a platéia é levada a julgar, optar, decidir, realizar ação no palco ou delatar.

A grande maioria (92,8%), portanto, é de participações só enfáticas, nas quais os espectadores apenas reiteram, através de múltiplas modalidades, aquilo que os atores realizam no palco. A platéia não chega a ganhar espaço para, efetivamente, poder dar sua contribuição no sentido do desenvolvimento da ação dramática.

O que se verifica é um incentivo generalizado a manifestações ruidosas e frenéticas do público que, no entanto, quase nunca chegam a ter qualquer influência dentro da trama, existindo simplesmente como uma espécie de enfeite opcional.

---

24. *A Volta do Chapeuzinho Vermelho*, de Otto Prado.

A Explicitação da Convenção Teatral

Conforme foi mencionado no capítulo anterior, a amostra revela certos textos teatrais – enquadrados no grupo dos que se desenvolvem em contexto de ficção explicitada – impregnados de procedimentos que pretendem demonstrar o caráter fictício do teatro. A inclusão desses procedimentos no texto objetiva deixar claro para o público que aquilo que está ocorrendo no palco é simplesmente um jogo ou faz-de-conta, não devendo, portanto, ser confundido com a realidade. Cabe analisar, neste momento, os recursos dramáticos através dos quais se opera esta elucidação.

As tentativas de esclarecimento com relação ao fenômeno artístico que está acontecendo, podem se dar em diversos níveis, enfocando os vários aspectos da convenção teatral.

Entre os procedimentos visando à explicitação da convenção dramática, a maioria (27,2%) diz respeito à estória.

Caçador – (*Se dirigindo à vovó.*) Vovó, eu só existo nesta história para salvá-la. Há trezentos anos que eu faço isto[25].

Em segundo lugar, aparece o esclarecimento sobre o caráter fictício de objetos, materiais ou recursos técnicos (25,2% dos casos).

Lavadeira – Pronto. Eu trouxe um segredo... Eu trouxe um segredo de verdade! Isto (*mostra o pano*) é um rio de água azul. Um rio de água azul de brinquedo! Vou estender o meu rio em voltinhas e voltinhas... Até lá longe... lá longe, onde acabam os rios!

25. *Serafim Fim-Fim*, de Carlos Meceni.

Vim lavar a minha roupa com água pura e sabão
Neste rio de brinquedo
Que eu estendo pelo chão!
Como a água está gelada...
Atchim!
Vou acabar resfriada... Atchim![26]

A menção à personagem teatral enquanto convenção a ser assumida voluntariamente, aparece em 15,6% dos casos.

Atriz II – Péra aí. Antes a gente precisa escolher uma personagem pra deixar de ser a gente mesmo[27].

Ocorre referência à cena, espetáculo, representação, ou ao teatro enquanto forma artística, em 15,6% dos casos de explicitação da linguagem cênica.

Ator II – (...) Então, desde que a gente entrou ali por aquela porta, o espetáculo já tinha começado[28].

O ator é mencionado enquanto profissional de teatro em 6,1% das ocorrências de explicitação.

Fiapo – Que história é essa de toda hora subir no palco? Assim você pode atrapalhar os atores[29].

Em alguns casos (5,4%) aparecem explicitações de caráter indeterminado, mas sempre referidas ao aqui-agora do enredo que está se desenvolvendo.

---

26. *A Viagem de um Barquinho*, de Sylvia Orthof.
27. *Clotilde com Brisa, Ventania e Cerração*, de Rodrigo Paz.
28. *Histórias do Baú Encantado*, de Plínio Teixeira, J. G. Rocha e Carlos Saidl.
29. *"Bom-Bom" no Mundo do Teatro*, de Dudu Barreto Leite.

Atriz II – O que ela disse que eu não entendi?
Ator II – Que ela voltou porque está na hora do público ir para casa![30]

As referências ao caráter fictício das ações ou situações aparecem em menor escala (4,8% do total).

Pirilampo – Puxa, que festa maravilhosa! Comer e beber de mentirinha é muito gostoso![31]

Tais procedimentos que desmascaram a ilusão teatral estão quase sempre incluídos em peças da tendência renovadora dos últimos anos da amostra, que colocam em relevo o jogo e as contínuas transformações que este propicia. É preciso reconhecer, no entanto, que eles constituem recurso eminentemente didático, através do qual, de modo mais ou menos velado, são introduzidas explicações referentes à convenção teatral.

A necessidade de tornar explícitos, a nível de texto, aqueles elementos que permitem a decodificação do espetáculo, suscita uma importante questão sobre o conceito particular de platéia que subjaz à criação analisada.

A já referida postura professoral que permeia a dramaturgia infantil parece engendrar uma perspectiva equivocada segundo a qual caberia ao emissor teatral adulto esclarecer a diferença entre realidade e ficção. Ao reiterar verbalmente o processo de construção do sentido vivido pelo público, esses procedimentos revelam, em última análise, uma postura de hesitação em assumir plenamente a metáfora do es-

---

30. *Clotilde com Brisa, Ventania e Cerração*, de Rodrigo Paz.
31. *A Viagem de um Barquinho*, de Sylvia Orthof.

paço cênico. O recurso à explicitação da convenção teatral tende a limitar a possibilidade de a criança fruir plenamente a experiência de uma leitura autônoma – e eventualmente poética – ao seu nível, do espetáculo que lhe é destinado.

Mais uma vez o pretenso tratamento reverente em relação ao público infantil não consegue camuflar um certo aspecto quase perverso.

A análise dos recursos dramáticos utilizados permite a apreensão de determinadas coordenadas que emprestam uma certa orientação comumente dada à dramaturgia infantil.

A presença maciça da música e da comicidade parece particularizar não só o teatro, como também outras manifestações da produção cultural destinada à infância. Esses elementos estão de tal maneira incorporados ao conceito daquilo que o adulto entende como sendo o gosto infantil, que parece inconcebível a criação de um texto teatral desprovido do seu emprego. Em termos do nosso teatro para crianças, a música costuma ser mais enfatizada enquanto letra, ao passo que a comicidade normalmente permanece em um nível periférico e, muitas vezes, até mesmo duvidoso.

Já o envolvimento do público e a explicitação da convenção teatral configuram-se como recursos cuja utilização é mais episódica, pois seu emprego traduz uma opção deliberada do autor em termos da tentativa de uma aproximação entre palco e platéia. Todavia, mais do que simples tentativa nesse sentido, é preciso ressaltar que a opção pelo uso desses recursos evidencia um posicionamento frente à relação adulto-criança.

A criação de uma pretensa possibilidade de o espectador interferir na trama nada mais é do que uma tentativa de escamotear o autoritarismo do elemento adulto, pois, conforme se verificou, é concedida à platéia a ilusão de um poder que nada tem de verdadeiro.

Por sua vez, as tentativas de explicitação do fenômeno teatral traduzem uma postura professoral. Pelo fato de a convenção dramática ser desprezada enquanto instrumento visando à conquista de um outro nível de compreensão do ser humano, o que se verifica, em última análise, é uma tentativa de esvaziamento da própria função simbólica, intrínseca a toda e qualquer linguagem artística. O didatismo simplista acaba triunfando sobre uma visão da arte teatral enquanto possibilidade específica de conhecimento.

4. AS PERSONAGENS

A análise das personagens parece ser o foco de investigação através do qual se evidencia mais nitidamente a simplificação extrema do texto teatral endereçado à infância.

Em princípio, a figura do narrador não faz parte do gênero dramático. Exceções existem, e são significativas, como o teatro grego, por exemplo, nas quais a presença da narração obedece a razões de ordem estética. Como regra geral, no entanto, o gênero dramático se define, entre outras características, por prescindir de narrador. Assim sendo, o "fluxo de consciência"[1] das personagens não pode ser

---

1. O termo é empregado por Décio de Almeida Prado em "A Per-

explicitado mediante uma perspectiva externa, tal como ocorre no romance e nas demais manifestações do gênero épico.

Em dramaturgia, as personagens só começam realmente a adquirir uma existência própria, ao nível da convenção teatral, quando, por assim dizer, se tornam autônomas em relação ao seu criador. Isso ocorre quando passam a se revelar com riqueza de detalhes através da ação dramática, engendrando assim situações e conflitos particulares.

Na dramaturgia infantil, a análise das personagens mostra que elas não chegam a existir por si mesmas, pois sua caracterização é quase sempre insuficiente para que isso possa acontecer. Em decorrência, as personagens são definidas apenas em relação àquele mínimo de elementos imprescindíveis para que possam servir ao desenrolar da trama.

Na amostra estudada, além das personagens teatrais propriamente ditas, surpreende a alta incidência (35,9% do total) de personagens apenas mencionadas por outros, que, portanto, não chegam a existir no palco. A rigor, essas referências não deveriam ser consideradas como verdadeiras personagens. Foram incluídas na investigação, contudo, tendo em vista dois fatores. Por um lado, constituem mais um indicador da verborragia presente nas peças e, por outro, apresentam algumas particularidades dignas de exame.

As personagens referidas têm sempre peso reduzido na trama e costumam se distribuir entre duas vertentes principais: ou são citadas a partir de sua relação com uma personagem teatral (e denomina-

---

sonagem no Teatro", in Antonio Candido *et al.*, *A Personagem de Ficção*, São Paulo, 1976, p. 88.

das exclusivamente através dessa relação), ou são personagens com existência independente da trama, com vida real ou de ficção. São apenas referidas, por exemplo, todas as personagens humanas famosas e históricas. É interessante observar que a proporção de personagens de ficção com vida preexistente em relação ao texto é maior entre as personagens referidas do que entre as verdadeiramente teatrais (13,6% e 9,5%, respectivamente). Essa alusão a personagens já conhecidas pelo público, que não chegam todavia a aparecer em cena, revela uma tentativa de aproximação com a platéia através de meios estritamente verbais.

Entre todas as personagens da amostra, 12,7% não são indivíduos isolados, mas se constituem em grupo, multidão, coletivo ou par; na grande maioria dos casos (90%) são apenas referidas. Seu aparecimento é típico dos textos de caráter moralizante, muitas vezes pródigos em generalizações simplificadoras que traduzem intenções claramente didáticas.

Roxo – (...) Quantas vezes os seres humanos passam perto de alguém que precisa e não dão a mínima atenção?[2]

Nos textos analisados, observou-se a presença do chamado "teatro dentro do teatro", através de personagens (5,4% da amostra) que assumem outras personagens durante o desenrolar da trama. Esses casos de desdobramento só foram assim considerados quando propostos em caráter voluntário; transformações involuntárias mediante magia, por exemplo, não são tidas aqui como desdobramento.

2. *O Palhaço do Jardim Encantado*, de Rachel Silva.

Lobo – (...) Preciso disfarçar-me! Mas de que? (*Remexe todos os disfarces fazendo a maior confusão possível.*) Ah! Já sei! Vou disfarçar-me de *hippie*. Com estes colares e esta roupa estarei irreconhecível[3].

As personagens que assumem outras personagens ocupam posição privilegiada dentro do texto, enquanto geradoras de um segundo nível de ficção. Na maior parte das vezes são humanas, têm idade indeterminada ou são crianças.

As personagens desdobradas (9,6% das personagens da amostra), por seu turno, têm em sua grande maioria (63,6% das vezes) importância apenas terciária, já que se constituem em personagens de aparição passageira, não chegando a contribuir substancialmente para a evolução dos acontecimentos. Em geral funcionam mais como exemplo da capacidade de fazer-de-conta de uma personagem importante na trama. Costumam ser humanas, de ficção com vida preexistente em relação ao texto, fantásticas, animais antropomorfizados ou de natureza indeterminada. Quase sempre sua idade também é indeterminada ou são adultos. A caracterização ainda mais precária dessas personagens em relação às restantes pode ser demonstrada pela alta incidência de indivíduos assexuados (13,1%) entre eles.

A dificuldade que parece ser sentida pelo autor em definir a personagem através do seu modo de agir acarreta como conseqüência um mecanismo que revela, mais uma vez, a excessiva verbalização presente no teatro infantil. Seguidamente as personagens são dadas a conhecer para o público, através de falas que precedem qualquer comportamento em

---

3. *Quem tem Medo do Lobo Mau*, de Alessandro Memmo.

cena, nas quais explicam quem são e o que fazem. Nesses casos, por alguns longos instantes, a ação dramática fica como que colocada entre parênteses.

Guardião – Sabem quem sou? Sou o guardião do castelo da Lua. Eu tenho uma lança na mão e aos pés um dragão. Estou sempre de guarda para não deixar ninguém entrar aqui. Ninguém. E, se alguém ousar, a minha espada impedirá. Eu tenho um cavalo de crinas prateadas que brilham ao luar. Ele agora está dormindo para logo à noite me servir. E montado no seu dorso, passeio pelos vales da Lua e vejo a Terra lá longe... lá longe... E também escuto as vozes das criancinhas que apontam para mim dizendo: "Olha São Jorge na Lua! Olha São Jorge na Lua!..."[4]

Na medida em que muitas vezes se constituem em tipos a serviço da trama, a particularidade que denuncia mais claramente a pobreza ficcional dessas personagens teatrais é a insuficiência de dados que permitam caracterizá-las.

Um bom exemplo desta exigüidade é o fato de que 38,7% das personagens da amostra são denominadas apenas através da própria natureza, da profissão, da cor-etnia ou nacionalidade, ou ainda do tipo de relação estabelecida com os outros, isto é, modalidades que excluem até a simples atribuição de um nome.

A Padronização

A precariedade de construção das personagens pode ser avaliada pelo baixíssimo índice de conflito

---

4. *A Formiguinha que Foi à Lua*, de Zuleika Mello.

interno, que aparece apenas em 2,3% dos casos. Na medida em que não revelam nenhuma ambivalência, não chegam tampouco a possuir uma dinâmica interna própria.

Dessa ausência de contradição resulta uma alta incidência de personagens padronizadas, cujo principal papel é o de exercer determinadas funções necessárias ao encaminhamento do entrecho. O estereótipo, consagração de generalizações, que faz da personagem um ser cristalizado e inalterável, acaba sendo uma presença constante.

(*Professor velhote. Caracterização engraçada. Chapéu, bengala e mala de viagem.*)[5]

Essa marcante pobreza na definição das personagens da dramaturgia infantil permite que se possa classificá-las em relação ao seu valor.

A maior parte (77,9%) das personagens do nosso teatro para crianças, sob o ponto de vista das qualidades de caráter pode ser considerada como positiva ou neutra.

Uma pequena parcela (6,2%) tem caráter considerado negativo, ou seja, é perversa ou executa más ações. Nesses casos, ser mau é um dado inerente, como uma segunda natureza; a personagem é vista como portadora de uma espécie de estigma de maldade, responsável pela sua conduta. No final da trama, quando as personagens desse tipo invariavelmente estão prestes a serem vencidas pelas forças do bem, não costumam receber castigo atroz pelas perversidades praticadas. Em geral, passam por situações bastante cômicas, nas quais são largamente

---

5. *O Travesso Pandareco*, de Rachel Silva.

ridicularizadas, purgando-se da conduta inadequada através da zombaria da qual são vítimas.

Perna de Pau – (...) E o dinheiro? E o dinheiro?
Gerúndio – O dinheiro está no fundo do mar... Pode ir buscá-lo, Perna de Pau. (*Gerúndio apita. Ouve-se o toque de corneta.*) Os fantasmas do mar vão levá-lo ao tesouro que está enterrado no fundo do mar... (*Os fantasmas tornam a descer.*)
Perna de Pau – Não! Não! Não! Fantasmas não!... Fantasmas não!... (*Empurrado pelos fantasmas, Perna de Pau recua até a janela e desaparece. Os fantasmas se recolhem.*)[6]

Outra pequena parcela da amostra (3%) evolui de negativo para positivo durante o enredo. Nesses casos, porém, a simples decisão de passar a ser bom assegura o exercício da bondade. O comportamento tido como bom não é visto como uma conquista a ser efetivada a cada momento, mas como simples resultante de uma deliberação pessoal.

Professor – Então vamos fazer vida nova de hoje em diante. Promete?
Pandareco – Prometo, sim senhor.
Professor – Você vai ser bom menino de hoje em diante. Promete respeitar seus mestres, estudar muito e nunca ser indelicado com os mais velhos?
Pandareco – Prometo, sim senhor[7].

A Natureza

A maioria da amostra é constituída de personagens humanas (56,9%), aparecendo logo a seguir os

---

6. *Pluft, o Fantasminha*, de Maria Clara Machado.
7. *O Travesso Pandareco*, de Rachel Silva.

animais antropomorfizados (12,1%). Esses últimos, por vezes, apresentam traços de sabedoria e capacidade de iniciativa, o que os aproxima bastante da personagem adulta. Em outras oportunidades, ao manifestarem comportamentos típicos de situação de brinquedo, podem facilmente ser associados à infância.

As personagens de ficção com vida preexistente em relação ao texto, representam outra parcela significativa do conjunto (10,8%). Na medida em que fazem parte de um referencial cultural conhecido pelo público, quer sejam apenas mencionadas, quer sejam ativas em cena, constituem uma certa garantia de comunicação imediata. É o caso de Emília, Super-Homem, Mônica e também daquelas oriundas dos contos de fadas, como Chapeuzinho Vermelho ou João e Maria, entre outras. Quando são personagens verdadeiramente teatrais, ou aparecem em tramas que reproduzem com alguma variação a estória dentro da qual foram criadas, ou se inserem de forma episódica dentro de textos originais.

As personagens fantásticas ou de ficção científica (9,6%) apresentam certas características que as diferenciam das demais. Entre elas aparece, por exemplo, maior freqüência de conflito interno do que entre as humanas (8,1% e 2,7%, respectivamente). Igualmente surpreendentes são os dados relativos à atividade escolar: entre as personagens fantásticas, 12,1% freqüentam escola, ao passo que, entre as humanas, apenas 6,3% o faz!

Bruxa-Chefe – (...) Muito bem, Bruxinha Caolha continua a primeira da classe... Passemos ao terceiro ponto: feitiçarias antigas e modernas. Peguem seus caldeirões e o livro de receitas e vamos ver se vocês aprenderam as principais bruxarias[8].

Por serem a transposição, ao nível do papel, de um universo mágico que, conforme se verificou no capítulo dedicado ao enredo, vem sendo descaracterizado, as personagens fantásticas têm deixado de se definir em função de elementos mágicos e vêm passando por uma progressiva "humanização". Muitas delas não nascem com dons de magia ou poderes sobrenaturais inatos, mas precisam empregar esforços para obtê-los.

As personagens alegóricas são sempre a representação de entidade abstrata, como Piedade, Teatro, Poluição, entre outras. Embora sejam pouco numerosas (2,1% da amostra), apresentam interesse específico, pois na dramaturgia infantil tendem a denunciar um domínio restrito do gênero dramático por parte dos autores. Quando os sentimentos e emoções deixam de ser referidos ao ser humano, ou mesmo a seres de outra natureza, as personagens passam a veicular generalizações através de tom nitidamente discursivo. Ao catalogar as emoções humanas, desvinculando-as de um sujeito e de uma situação, o texto adquire um caráter normativo, no qual o maniqueísmo surge como componente básico.

Lírio – (...) Medo... Medo... Ah! Sim... Meu pai sempre me falava no senhor. Ele dizia... meu filho, nunca tenha medo de nada, pois o medo é o pior inimigo do homem[9].

Em pequenas proporções aparecem também outras naturezas de personagens nos textos: religiosa

---

8. *A Bruxinha que era Boa*, de Maria Clara Machado.

9. *O Mais Belo dos Paraísos*, de Luciano Tadeu.

ou divina, vegetal antropomorfizado, objeto, ser ou fenômeno natural antropomorfizado, além de personagens de natureza indeterminada. Há um tipo de presença no palco que não chega a ter propriamente estatuto de personagem: trata-se do animal como simples exemplar da fauna, não antropomorfizado, que compõe 1% da amostra. É em geral interpretado por ator, sem emitir fala e sem ter qualquer característica que o aproxime da espécie humana.

A coexistência de personagens de várias naturezas é marcante, se fazendo presente em porção significativa – 69,9% das peças – de nossa dramaturgia infantil.

A Idade

A parcela numericamente mais significativa das personagens (37,5%) é indeterminada no que se refere à idade. Em relação a esse contingente não foi possível inferir sequer aproximadamente a faixa etária.

Na dramaturgia dirigida à infância, por incrível que possa parecer, a presença do adulto é mais marcante do que a da própria criança, pois em termos quantitativos, a discrepância é gritante: 13% de personagens infantis para 33,5% de personagens adultas. Uma hipótese a ser verificada seria a de que o próprio autor, deliberadamente, chegasse a evitar a criação de papéis infantis, desestimulado pelas múltiplas dificuldades que costumam acarretar, a nível da interpretação.

Entretanto, apesar de serem numericamente pouco representativos, quando aparecem, as personagens infantis tendem a ser definidas com maior cuidado do que as de outras faixas etárias. São elas as mais freqüentemente designadas através de nome próprio e as que apresentam maior índice de conflito interno. Do mesmo modo, enquanto entre as personagens infantis a maioria é personagem principal, entre as adultas, os velhos e as de idade indeterminada, a maior parte é constituída de personagens de menor importância.

Por outro lado, ser criança em nosso teatro infantil significa, antes de mais nada, possuir boa índole. Ela nunca é vista como inapelavelmente má, pois não há nenhuma criança entre as personagens negativas. Quando não podem ser consideradas como ideais em termos de qualidade de caráter, as crianças têm oportunidade de corrigir sua conduta durante o desenvolvimento do enredo.

A velhice, por sua vez, é a faixa de 8,6% das personagens. Ser velho em nossa dramaturgia infantil significa ter maior probabilidade de ser nomeado através da função familiar, maior probabilidade de ter uma religião e de estar cercado de maior número de relações de parentesco do que as demais personagens.

Outra pequena parcela das personagens (5,4%) é constituída de jovens, enquanto que a evolução de uma faixa etária para outra praticamente inexiste, pois está restrita a 0,3% das personagens.

O Sexo

A estereotipia das personagens se manifesta também claramente no que diz respeito aos modelos sexuais presentes. Em uma primeira observação evidencia-se o fato de serem as mulheres numericamente bastante inferiores aos homens (50,5% das personagens são do sexo masculino e 32,9% do sexo feminino)[10].

No que se refere ao sexo do protagonista, a masculinidade também tem primazia, pois os protagonistas individuais e grupais do sexo masculino compõem 41,5% da amostra, vindo a seguir os grupos com protagonistas de ambos os sexos (31,4%) e, em último lugar, os protagonistas individuais e grupais do sexo feminino (27,1%).

Aprofundando essa abordagem, verifica-se que as mulheres tendem mais freqüentemente a serem apenas referidas (37,4%) do que os homens (27,5%). Da mesma forma, são mais freqüentemente denominadas através da função familiar (15,4%, contra 6,4% entre os homens). A caracterização da personagem feminina no teatro infantil tende, portanto, a ser ainda mais pobre do que a da personagem masculina.

Em relação à natureza, o sexo feminino constitui maioria apenas entre as personagens de natureza fantástica, ao passo que, entre as que pertencem a todas as outras naturezas, vigora a supremacia masculina.

Os diálogos seguidamente funcionam como transmissores de lugares-comuns que "definem" o que significa ser mulher, reforçando assim imagens estereotipadas.

Damião – (*Entusiasmado*.) Tenho certeza de que se fizéssemos alguma coisa ela olharia mais para mim.

---

10. Tendo em vista o exame apurado dos papéis sexuais, as personagens foram classificadas segundo critérios bastante específicos. Assim, 16,6% delas têm sexo indeterminado, como Jacaré ou Onça, ou ainda são assexuadas como Anjo, por exemplo.

Cosme — Mulher gosta mesmo é de herói![11]

Pirata — Vou-me embora. Não volto mais. Adeus.
Bruxinha — Camomila! Deixe-me ir também?
Pirata — Não. Lugar de mulher é em casa. Adeus[12].

Todas as vezes em que aparece em cena a realização de alguma atividade doméstica, ela é invariavelmente responsabilidade exclusiva de personagem do sexo feminino.

> Para o papai que trabalha
> O dia, o dia inteiro
> E à noite quer divertir
> O Teatro foi feito para ir
> Para a mamãe que cozinha
> Que limpa pia e fogão
> E à noite quer distrair
> O Teatro foi feito para ir[13].

No que se refere ao exercício de uma profissão, além de as mulheres serem mostradas como profissionais com menor freqüência (25,5% das mulheres trabalham fora de casa, ao passo que, entre os homens, a porcentagem é de 56,4%), costumam ser associadas a ocupações específicas e de pouco prestígio social.

Lavar roupa para fora, trabalhar em tecelagem ou como caixa, por exemplo, são atividades exercidas exclusivamente por mulheres em nossa dramaturgia. As áreas profissionais em que o sexo feminino aparece prioritariamente são, por sua vez, muito reduzi-

---

11. *Maroquinhas Fru-Fru*, de Maria Clara Machado.
12. *Camomila, o Super-Pirata*, de Jurandyr Pereira.
13. *O mais Belo dos Paraísos*, de Luciano Tadeu.

das. Além da grande incidência de professoras, bailarinas e empregadas domésticas, se fazem também presentes as feiticeiras e outras ocupações que serão definidas mais adiante como de caráter esotérico.

Quando uma outra atividade profissional, diferente daquelas habitualmente consagradas, é exercida por mulher, vem acompanhada de justificativa.

Minueto	– Olá, meus amiguinhos, eu sou uma cientista e me chamo Senhora Minueto. Como vão vocês?
Pneumático	– Nós estamos bem.
Maria	– A Senhora disse que é uma cientista?
Minueto	– Claro que sou uma cientista. Ou vocês pensam que cientistas só podem ser os homens? Não. Quem quiser ser cientista pode ser, homens ou mulheres[14].

Os papéis sexuais são objeto de uma visão de tal maneira deformada e preconceituosa, que pode ser apreendida até mesmo a partir da faixa etária das personagens. Os homens são mais freqüentemente adultos ou de idade indeterminada, ao passo que entre as mulheres há maior incidência de crianças, jovens e velhas. A imagem da masculinidade, portanto, aparece associada à independência e à produtividade, enquanto que a imagem de mulher veiculada pela criação teatral dirigida à criança é assimilada à dependência e à não produtividade.

A representação do sexo feminino tende a ser bastante vinculada ao âmbito familiar. As mulheres apresentam com maior freqüência pelo menos uma relação de parentesco (37,6% contra 25,8% entre os homens), ou seja, mais do que os homens, são apre-

---

14. *Vamos Brincar de Teatrinho*, de Magno Bucci.

sentadas como tendo pais, filhos, irmãos ou outros parentes.

No que se refere à relação conjugal, as personagens femininas também são mais freqüentemente descritas do que as masculinas (33,8%, contra 24,1% entre os homens). Mesmo quando se trata de personagem solteira, a condição de não casada tende a ser mais explicitada entre as mulheres. Esse dado traz à tona o padrão estereotipado segundo o qual a não ocorrência de casamento repercute de modo particularmente desfavorável no que se refere ao sexo feminino.

Esta freqüente inserção da personagem feminina na esfera das relações familiares pode ser vista como indicador do espaço privilegiado que a dimensão afetiva costuma ocupar na representação da mulher em nossa sociedade.

A discriminação sofrida pela mulher aparece, portanto, ao mesmo tempo refletida e acentuada pela desproporção entre a importância atribuída a um e a outro sexo dentro da nossa dramaturgia infantil.

A Cor-Etnia e a Nacionalidade

O alto índice de ausência de menção à cor da pele das personagens (78,9%) é bastante significativo. Os autores apenas fazem referência a esse dado quando se trata de definir personagens de outra cor ou etnia. O indivíduo "divergente" é caracterizado, os demais são a norma, não necessitando, portanto, de maiores especificações. A brancura da maioria das personagens parece ser considerada como tácita.

Nos casos em que se sabe que a personagem é de cor branca, muito poucas vezes esta condição é explicitada no texto. Quase sempre a cor branca é inferida por se tratar de personagem histórica, famosa, de ficção com vida preexistente em relação ao texto, ou religiosa (perfazendo 11,5% das personagens). Na medida em que, a nível da realidade ou a nível ficcional, possuem existência independente do texto, a cor ou etnia a que pertencem é um dado intrínseco a elas, dispensando portanto qualquer necessidade de explicitação. É o caso, por exemplo, de Tiradentes ou de Papai Noel.

As personagens de cor negra (0,7%) quase sempre pertencem à natureza diferente da natureza humana. Na maior parte das vezes são animais antropomorfizados, o que permite ao autor a confortável postura de escrever a nível simbólico. Entre os seres dessa cor aparece a maior freqüência de personagens negativas, o que evidencia de maneira contundente o quanto a cor negra costuma ser associada ao mal na dramaturgia infantil.

O pouco relevo atribuído a essas personagens dentro das peças fica patente ao se observar que os indivíduos de cor negra são os que apresentam menor índice de profissionalização e os mais freqüentemente nomeados através da cor-etnia.

(*Zeca vai começar a molhar a terra, quando entra um negro muito alto, com vestes simples e se aproxima dele.*)

Negro – Pode me dar um pouco dessa água?
Zeca – (*Parando de despejar.*) Ui, que susto! O senhor pediu água?
Negro – Sim, por favor[15].

O indígena é quase um completo ausente (0,5%). A maior curiosidade, no entanto, é que, nas raríssi-

---

15. *Vamos Colorir o Mundo*, de Jurandyr Pereira.

mas vezes em que índios aparecem em cena, são quase sempre identificados através dos estereótipos culturais mundialmente disseminados pelo cinema americano.

(*Uma tenda colorida ao fundo, com um tapete na frente. Um poste à esquerda e um caldeirão à direita. Cactus. O cacique Chifre Furado está sentado com as pernas cruzadas, fumando. O feiticeiro Chifre Torto faz feitiçarias e a índia Lua Nova dança em volta do caldeirão.*)

Cacique   – Mim, cacique Chifre Furado, querer saber o que estrangeiro querer Vale Boa Vida?
Feiticeiro – Aba, cara, abu...
Lua Nova – Araraba, cararaba, assú...
Feiticeiro – Estrangeiro querer pedaço papel velho.
Cacique   – Mim não entender estrangeiro. Pedaço papel velho? Estrangeiro muito boboca.
Feiticeiro – Papel velho, segredo cara pálida. Grande tesouro estrangeiro.
Cacique   – Homem branco não conhecer cacique Chifre Furado. Mim não deixar estrangeiro escapar[16].

Entre todas as personagens índias e as de cor negra, nenhuma mostra qualquer modalidade de conflito interno, o que denota a precariedade da sua construção.

Por outro lado, em alguns textos cujo conflito se dá entre personagens antropomorfizadas de cores diferentes, se faz presente uma palavra de ordem que se pretende anti-racista. Tais tentativas, no entanto, devem ser questionadas, na medida em que operam simplesmente uma inversão do estereótipo. Ao perpetuarem uma ótica maniqueísta, na qual as perso-

---

16. *Um Coelho Cow-Boy*, de Oscar Felipe.

nagens de determinada cor são bondosas e as de outra cor são malvadas, essas propostas se revelam tão preconceituosas quanto a discriminação que pretensamente visam combater.

Em *As Duas Ovelhinhas* de Romano Domingues, por exemplo, a Ovelhinha Negra ao longo do enredo é explorada pela mãe que a faz trabalhar arduamente em casa, tendo seu valor reconhecido somente no final. A subserviência e a passividade são os traços mais marcantes da personagem, caracterizando-a de modo monolítico do início ao fim da trama. Apesar da pretensa intenção de combate ao preconceito racial, o estereótipo da docilidade do negro acaba sendo reforçado.

Mamãe — Ainda não acabou? Você está rachando a lenha debaixo do barracão conforme lhe mandei?

Ovelhinha Negra — Não senhora, no sol.

Mamãe — (*Para o Bode, batendo na revista que está lendo.*) Ei, está vendo, está vendo. Aproveitando do sol que estava tão quentinho. Como eu lhe disse. (*Bode abaixa a revista, olha, confirma com a cabeça, contrariado e volta a ler.*) Por que não ficou na sombra, como lhe mandei, hum?

Ovelhinha Negra — Eu estava lá, sim senhora. Mas é que a Branquinha queria ler a história do Lobo Mau e do Chapeuzinho Vermelho... Então eu tive que sair de lá! Ela foi ler na sombra, enquanto eu fui rachar lenha no sol.

Mamãe — Hum, muito bem. Não faz mais que sua obrigação. (*Bode, que estava fingindo ler e prestando atenção ao diálogo, abaixa a revista, sacode a cabeça em sinal de reprovação, volta a ler.*) Bom, vá pra dentro fazer o café.

No tocante à nacionalidade, também a indeterminação é o elemento mais marcante (47,7% das personagens), aparecendo a seguir as personagens tidas como brasileiras (32,2%), através de indícios diretos ou indiretos, tais como nome ou local de moradia.

É entre os estrangeiros vivendo fora do Brasil, em seu lugar de origem ou em outro país, real ou fantástico (8,2% da amostra), que aparece a maior freqüência de personagens negativas; o dado é revelador de uma aberta xenofobia.

Ainda com relação a esse aspecto, cabe assinalar o tratamento pretensamente humorístico dado a personagens japonesas, tratamento este que parece encobrir uma atitude de caráter discriminatório.

Desertinho – Veja só até onde chega a imbecilidade do Zoínho Esticado! Vive criando esconderijo de bichos perigosos![17]

A Atividade Escolar e a Atividade Profissional

Tanto quanto o jogo – este bem mais freqüente no teatro para crianças – a atividade escolar caracteriza a faixa etária da infância. No entanto, ela é um grande ausente na dramaturgia analisada. Apenas 5% das personagens vão à escola e entre estas há as que estudam exclusivamente artes.

Mesmo considerando a baixa incidência de personagens infantis na amostra, a quase ausência de representação da escolaridade revela a que ponto es-

---

17. *Vamos Colorir o Mundo*, de Jurandyr Pereira.

sa dramaturgia está distanciada do cotidiano da criança espectadora.

Nas poucas oportunidades em que aparece em cena ou é referida, a escola é vista de forma absolutamente idealizada.

> *Para a escola,*
> *Para a escola,*
> *Vamos com todo o prazer*
> *Belas lições, bons conselhos*
> *Aqui, vamos receber...*
>
> *Na escola a gente estuda*
> *E também pode brincar*
> *Em meio a tanta alegria*
> *É um prazer estudar...*[18]

Em raríssimas ocasiões as atividades ligadas à rotina escolar são apresentadas em cena. Uma exceção digna de nota aparece em *Vamos Brincar de Teatrinho*, de Magno Bucci, na qual um grupo de crianças tenta encontrar uma maneira de se desvencilhar, o mais rapidamente possível, da tarefa a ser feita em casa:

Forma – Maria Li, nós podemos fazer uma coisa: como você trouxe caderno, nós podemos ajudá-la a fazer a lição e você nos dá uma folha e nós copiamos a lição.

A atividade profissional é retratada em relação a 40,8% das personagens da amostra. Muitas vezes, no entanto, a profissão é apenas mencionada, não sendo mostrada efetivamente em cena e não chegando a acrescentar características importantes à definição

---

18. *A Formiguinha Vai à Escola*, de Zuleika Mello.

da personagem. De maneira geral, o trabalho exercido serve mais às necessidades do desenvolvimento da trama do que a um interesse de aprofundamento da personagem.

Entre as profissões retratadas há consideráveis diferenças, tanto do ponto de vista quantitativo, quanto qualitativo.

O setor que aparece com maior freqüência é o das ocupações manuais não especializadas, presente em 10,4% da amostra, reunindo entre outros, empregados domésticos, vendedores ambulantes, caçadores, engraxates.

Essa modalidade de trabalho é exercida por personagens cujas difíceis condições de sobrevivência só raramente são mencionadas. Quando há referência ao valor desse trabalho em termos de dinheiro, esse valor é retratado como detalhe de pequena importância.

Papai Noel – Quanto é?
Roberto – É... (*Dá o preço atual.*)
Papai Noel – É caro. Só tenho... (*Diz dez cruzeiros.*) Fica para outra vez.
Roberto – Não tem importância. O senhor fica me devendo[19].

A seguir aparecem as profissões de tipo artístico, que constituem 7,7% da amostra. Provavelmente por ser o setor profissional com o qual os autores possuem mais familiaridade, configura-se como o grupo de profissões descritas com maior riqueza de detalhes. Além da presença de poetas, músicos e bailarinos, os artistas de circo em geral e os atores teatrais

---

19. *Papai Noel no Século XX*, de Mario Bruni.

são os privilegiados em termos do relevo dado à sua atividade profissional.

Entre os vários profissionais presentes no circo, é o palhaço o que mais se salienta. Quase sempre aparece de modo isolado, entrando em relação com personagens que não têm qualquer vínculo com o circo propriamente dito. As condições objetivas de sua existência e o modo como encara seu trabalho só muito raramente são desenvolvidos em cena. Um exemplo no qual sua atividade é tratada como trabalho assalariado pode ser encontrado em *O Palhaço Imaginador*, de Ronaldo Ciambroni:

Palhaço – A diferença entre eu e você é que você é engraçado porque é puro e espontâneo e a vida da gente também é muito engraçada. Agora eu sou pago pra fazer graça, ganho tutu com isso, passo a minha vida inteira inventando alguma palhaçada para ganhar dinheiro e viver, comer...

O trabalho do ator teatral é mostrado como similar ao brinquedo infantil. Fazer teatro implica improvisar, dar asas à imaginação; a dimensão do trabalho assalariado não aparece no palco. Uma vez bem explorada, a capacidade de fazer de conta, intrínseca ao ser humano, levaria como decorrência "natural" à realização do espetáculo.

Ator 4 – Olha, a roupa perfeita para o lobo da floresta.

Ator 1 – Nada disso, essa é do Príncipe Encantado. O lobo é feio e malvado.

Ator 4 – Mas ele tem que ser lindo pra enganar o Chapeuzinho!

Ator 2 – Não precisa ser tanto não.

Ator 1 – Então enfia esta capa por cima de tudo e ninguém fica sabendo se ele é lindo ou não. E põe este chapéu também.

Ator 3 – Pronto, eu já estou de vovó, agora já podemos começar a peça.
Ator 4 – E o cenário, não vai ter cenário?
Ator 1 – Cenário não tem, a gente vai ter que fazer de conta.
Ator 2 – Estes panos nestes paus são as árvores da floresta.
Ator 3 – E a casa da vovó fica deste lado. O baú é caminho dela.
Ator 4 – E o lobo fica zanzando pela floresta, espalhando perigo.
Ator 3 – E o som? Precisa ter um sonzinho de fundo, para a gente imaginar melhor as coisas[20].

As ocupações de tipo esotérico, tais como ladrão, pirata ou feiticeiro, que caracterizam as personagens tidas como intrinsecamente más, também aparecem com um certo destaque (6,2% da amostra).

Em ordem decrescente, por freqüência de aparecimento, surgem ainda: os detentores de altos cargos ou grandes propriedades (governador, general, fazendeiro; em 5,6% da amostra), os pequenos proprietários e assalariados em função de trabalho não manual (comerciante, secretário, professor; em 3,7% da amostra), os profissionais liberais (engenheiro, advogado, médico; em 3,5% da amostra), os que executam trabalho manual especializado (agricultor, sapateiro, pedreiro; em 3% da amostra) e, por último, os que executam atividade ligada à religião (padre, sacristão; em 0,7% da amostra).

Em termos amplos, fica patente o quanto a dimensão do trabalho recebe tratamento superficial em nossa dramaturgia. O que prevalece é a ótica do criador em relação à sua própria área de produção. Somente ao retratar as atividades profissionais ligadas ao fazer artístico – em última análise, o seu pró-

---

20. *História do Baú Encantado*, de Plínio Teixeira, J. G. Rocha e Carlos Saidl.

prio campo profissional – é que os autores chegam a detalhar um pouco mais o cotidiano de trabalho das personagens.

As Relações Familiares

A explicitação das relações familiares de uma personagem, através de ação no palco ou mesmo através de referências verbais, é outro elemento que pode ser utilizado como indicador da sua caracterização.

A família é pouco representada em nossa dramaturgia infantil, na medida em que apenas 27,4% das personagens apresentam uma ou várias relações de parentesco.

Entre todas as modalidades retratadas, o relacionamento como sexo aposto é o mais freqüentemente abordado, pois 23,5% das personagens são definidas nesses termos. Essa alta incidência de referências à relação entre os sexos inclui também a explicitação da condição de solteira (10%) e os casamentos dentro do enredo (1,8%).

Entre as solteiras e principalmente entre aquelas cujo casamento ocorre ao longo da trama, desenvolvem-se situações nas quais os componentes da sexualidade das personagens são destacados. O namoro na dramaturgia infantil costuma se revestir daqueles traços de coqueteria presentes nas farsas de tipo romanesco. O que aparece em cena são comportamentos padronizados que caracterizam o amor galante e não situações definidas em termos de erotismo. Via de regra, o casamento é tratado pela heroína como um prêmio a ser concedido ao pretendente em troca da execução de alguma tarefa.

Coelha – O lugar é lindo, lindo, lindo. Adoro este lugar, Coelhinho.

Coelho – (*Aproximando-se dela.*) Será todo seu, minha queridinha, queridinha, queridinha...

Coelha – Nada de intimidades, limpar o lugar não quer dizer que você consiga construir a casa. Construa primeiro senão não tem casamento. (*Sai muito luxenta.*)[21]

A sexualidade infantil, que não costuma ser representada nos textos com as particularidades que a tornam específica, recebe tratamento cuidadoso em *Leopoldina Júnior*, uma exceção digna de nota. No diálogo transcrito a seguir, as meninas se referem à personagem Rodolfo que naquele momento se encontra ausente.

Roswita – Ah é? Eu não trago mais o meu irmão aqui.
Leopoldina – Ora!!?
Roswita – Eu sei que você gosta dele.
Leopoldina – Fica quieta.
Roswita – Você escondeu ontem o estilingue dele só para ele chegar aqui e falar assim: "Ah... Eu esqueci o meu estilingue aqui na sua casa..."
Leopoldina – Não conta... Não conta...
Roswita – Lembra do domingo? Você não comeu o seu chocolate só pra dar pra ele.

As demais relações de parentesco representadas na dramaturgia dirigida à criança podem ser caracterizadas como prioritariamente verticais, ou seja, entre personagens detentoras de parcelas desiguais de poder. Enquanto pequena porção das personagens tem irmãos (3,8%) por exemplo, um grupo numerica-

---

21. *O Coelhinho Engenheiro*, de Jurandyr Pereira.

mente mais significativo tem filhos (10%) ou apresenta menção a pai ou mãe, quer esteja vivo ou morto (8%).

A padronização que qualifica basicamente a personagem do teatro infantil é resultante de uma absoluta precariedade na sua construção. A escassez de atributos que lhe são conferidos, assim como a ausência de dúvidas ou contradições internas, alia-se à quase inexistência de qualquer perplexidade ou questionamento em relação a si mesma ou ao ambiente que a cerca. Uma vez inserida na trama, a personagem não costuma passar por qualquer forma de evolução; os únicos casos que fogem a essa regra são aqueles em que a maldade cede lugar à bondade.

O dualismo dentro do qual se debate a dramaturgia infantil – de um lado é instrumento de introjeção dos valores dominantes, a serviço da socialização da criança e de outro é modalidade específica de lazer – pode ser desvendado a nível de duas formas extremadas de tratamento da personagem.

Em muitas ocasiões, através de personagens referidas, coletivas, alegóricas ou outras de qualquer tipo ou natureza, que se autojustificam dentro da trama, o que se observa é a predominância da linguagem verbal em detrimento da ação, veiculando generalizações e preconizando abertamente modelos de comportamento tidos como desejáveis junto aos espectadores.

Em outros momentos, a presença ou até mesmo a simples alusão a personagens já consagradas pela produção cultural dirigida à criança ou pelos meios de comunicação de massa em geral revelam uma tentativa de aproximação em direção ao público, fundamentada exclusivamente no prazer do reconhecimento que proporcionam. A inserção de tais personagens apresenta como vantagem para os responsáveis pelo espetáculo, uma economia de caracterização e uma garantia de cumplicidade imediata da platéia.

Cabe salientar que ambas as modalidades de vinculação entre personagens e público seguidamente coexistem dentro de um mesmo texto, ressaltando ainda mais o referido dualismo do teatro infantil.

Na medida em que a idade, o sexo e a cor-etnia/nacionalidade condicionam a existência de grupos socialmente discriminados, a caracterização das personagens no que diz respeito a essas variáveis apresenta especial interesse. A partir dela foi possível verificar como a criança, a mulher e o indivíduo não branco são retratados nas peças infantis. Assim sendo, foi constatado que nessa dramaturgia, as oposições fundamentais presentes em nossa sociedade costumam ser habilmente encobertas através das formas de relacionamento vividas pelas personagens. Em termos da relação entre crianças e adultos, as pequenas tensões que eventualmente aparecem, nunca chegam a ser o fulcro da ação dramática. No que diz respeito à relação entre os sexos, homens e mulheres se comportam estritamente de acordo com os padrões legitimados pela ordem social vigente. No que concerne à cor-etnia, a ótica maniqueísta está longe de ser ultrapassada.

Ao não enfocar as condições de existência que diferenciam a infância em nossa sociedade e ao discriminar a mulher e o indivíduo não branco, a dramaturgia infantil acaba servindo à manutenção de privilégios de ordem social, transmitindo assim uma visão do mundo basicamente conformista.

Com referência específica ao relacionamento entre pais e filhos, uma proposta interessante foi desenvolvida em textos como *Vamos Brincar de Teatrinho*, de Magno Bucci e *Menino não Entra... Menina não Entra...*, de Ronaldo Ciambroni. Em ambas as peças, aparecem exclusivamente personagens infantis; através das próprias ações e das falas que as acompanham, essas personagens mostram de que maneira encaram e elaboram em sua vida cotidiana as normas impostas pelos adultos.

5. TEATRO INFANTIL EM SÃO PAULO: CENAS DE UM PEQUENO HISTÓRICO

Lúcia Lambertini em *A Cigarra e a Formiga*, adaptação da fábula de La Fontaine encenada pelo TESP no Teatro Cultura Artística, entre 1949 e 1950.

Encenação do TESP de *Peter Pan* de James Matthew Bauie, em 1949/1950. À esquerda, em pé, de terno, vê-se Clóvis Garcia e à extrema esquerda, sentado no chão, de chapéu, Alberto Guzik.

A Pele de Urso de Júlio Gouveia, montada pelo TESP em São Paulo, em 1949/1950.

Lizette Negreiros em *O Gigante*, de Walter Quaglia, com direção de Paulo Lara no Teatro Anchieta, em 1971. Foto: Paquito.

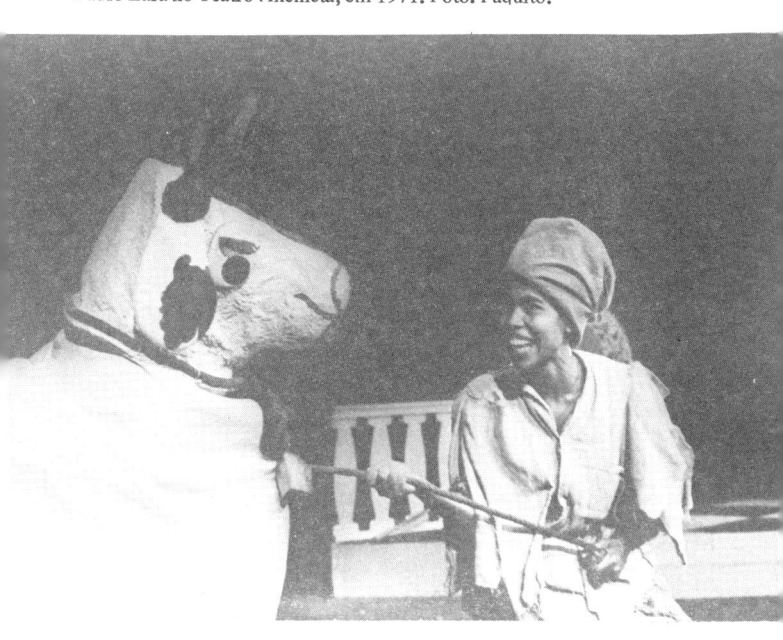

Débora Duarte e Ney Matogrosso (terceiro da esquerda para a direita) em *Dom Chicote Mula Manca e Seu Fiel Criado Zé Chupança* de Oscar Von Pfuhl, com direção de Paulo Lara, no Teatro Anchieta em 1972.

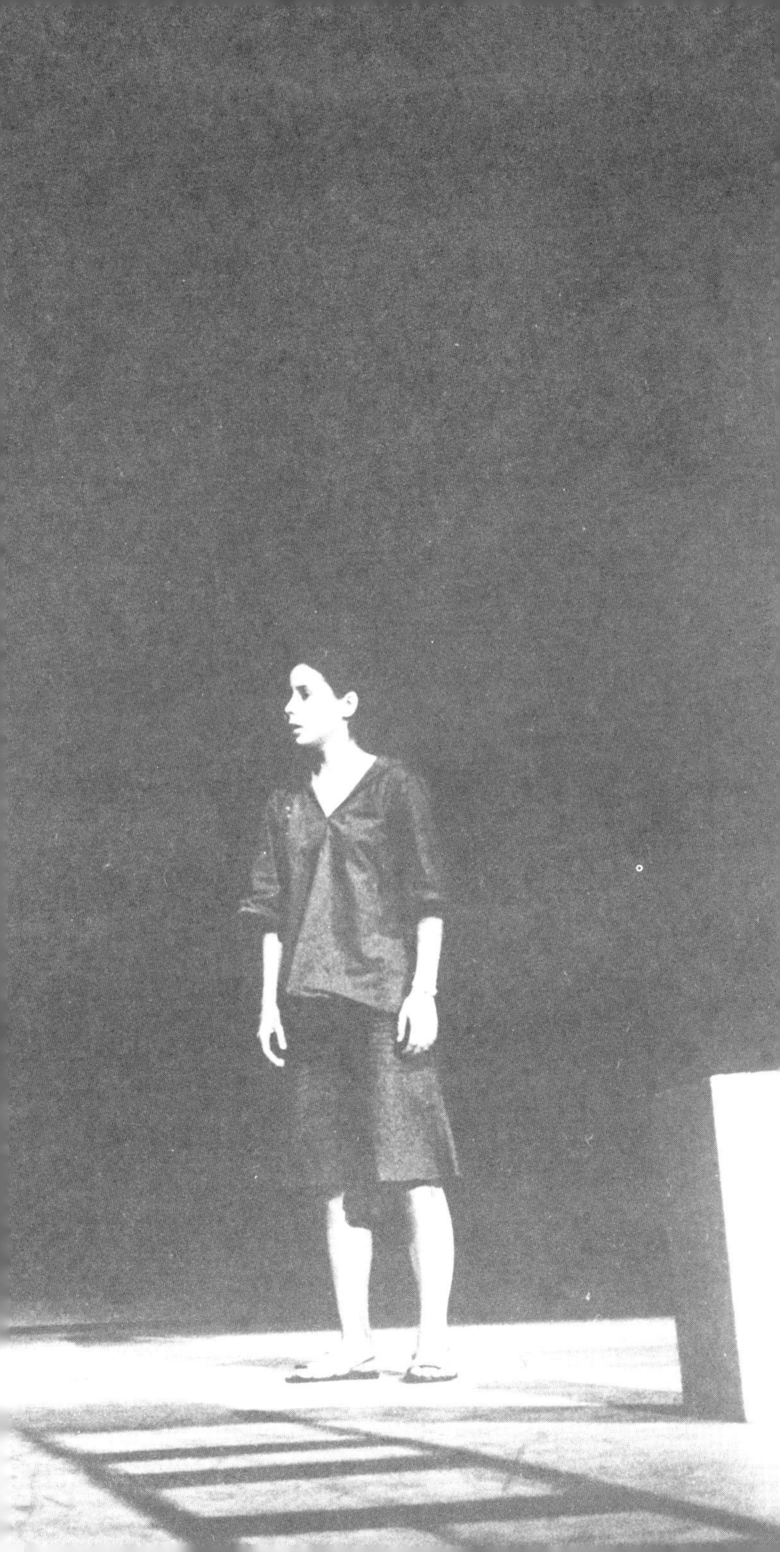

O Coelhinho Engenheiro, escrita e dirigida por Jurandyr Pereira, encenada no Teatro Anchieta, em 1972. Foto: Paquito.

Leopoldina Junior, de Ronaldo Ciambroni, encenada pelo Grupo Pasárgada com direção do autor, Auditório Municipal de São Caetano do Sul, 1973.

Valnice Bolla e Neide Calegari em *Estórias do Baú Encantado*, de Carlos Seidl, Plínio Teixeira e José Geraldo Rocha. Encenação do Grupo Pasárgada, dirigida por Geraldo Rocha em teatros e escolas do ABC, em 1973.

Lizette Negreiros em *Maroquinhas Fru Fru* de Maria Clara Machado encenada em 1974 no TBC, com direção de Eduardo Curado. Foto: Silvestre Silva.

Vamos Brincar de Teatrinho de Magno Bucci, encenada pelo autor em 1975. Foto. Silvestre Silva.

Clotilde com Brisa, Ventania e Cerração, de Rodrigo Paz, encenada pelo autor em 1976.

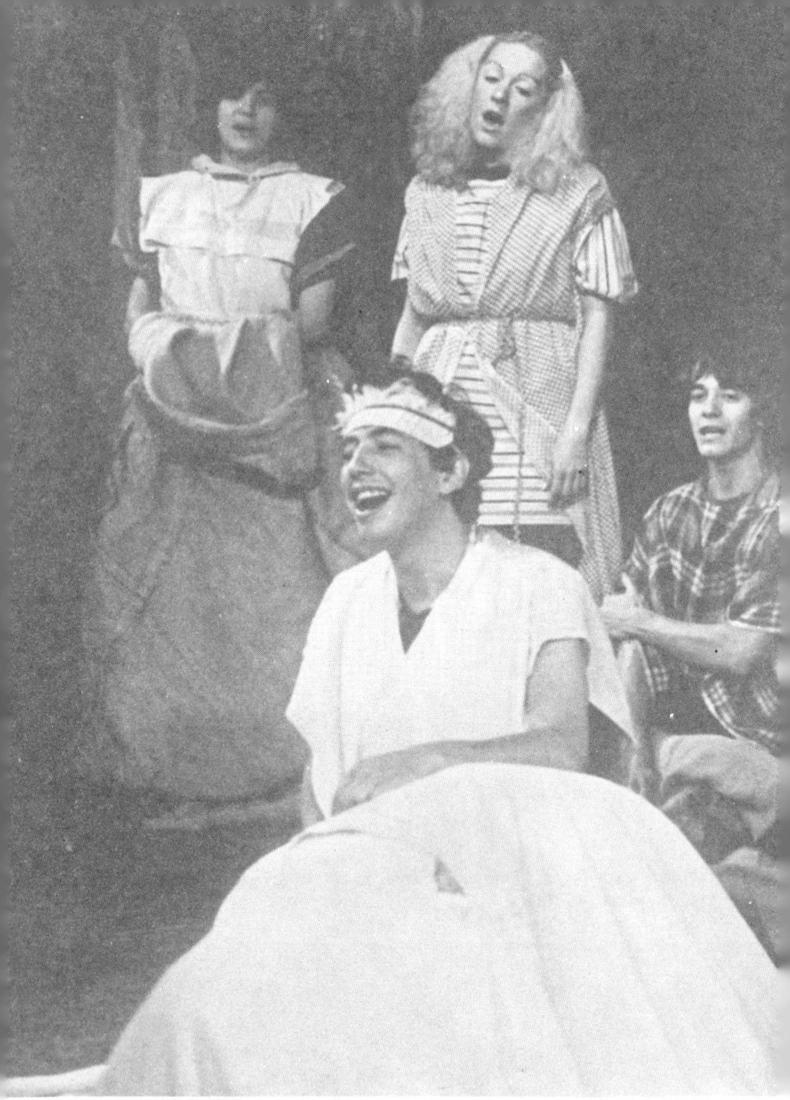

Com Panos e Lendas, escrita por Vladimir Capella e encenada pelo autor no Teatro Eugenio Kusnet em 1978. Foto: Ary Brandi.

6. O DESAFIO

Entre todos os sistemas de signos que compõem o espetáculo, é sem dúvida a dramaturgia aquele que mais tem contribuído para dotar de caráter específico o teatro voltado para as jovens gerações. Mesmo quando a existência desse tipo particular de manifestação teatral é contestada, um dos argumentos mais freqüentemente utilizados é justamente o questionamento do caráter precário dos textos teatrais destinados à infância.

Nos anos setenta, apesar de o teatro infantil ser modalidade artística oficialmente reconhecida, os critérios do apoio oferecido por órgãos públicos parecem pouco claros e, portanto, discutíveis. Se o seu grande trunfo é ter a criança como público privilegiado, muitas vezes essa exclusividade é encarada como não desejável e a comunicação com todas as faixas de idade é apontada como a grande aspiração dos autores. Caracterizando-se como resultante do trabalho de criadores que habitualmente não escrevem dramaturgia para adultos, apresenta múltiplas insuficiências de cunho dramático, identificáveis pelo observador mais atento.

Assim é que no período analisado, apesar desse teatro ter o seu espaço de atuação relativamente garantido, a especificidade da dramaturgia infantil não lhe assegura um nível de qualidade enquanto criação artística. Muito pelo contrário, essa especificidade parece dificultar a plena realização de uma prática teatral conseqüente.

Dessa constatação decorre a pergunta inevitável: através de quais fatores exatamente essa baixa qualidade artística se manifesta?

A investigação mostrou que ela se revela a partir de uma visão de mundo fragmentada e conformista, veiculada através de nítida precariedade de domínio dos pressupostos básicos do gênero dramático.

Nossa dramaturgia infantil oferecia, na década de setenta, um modelo pobre e cristalizado de conhecimento do ser humano. A análise indicou que ela tendia a colaborar para a manutenção de privilégios de ordem social, ao subestimar ou ignorar o tratamento de temas que, de algum modo, incitassem ao questionamento tanto das relações entre os homens, quanto das instituições por eles criadas. Este quadro fica mais claramente delineado ao se ressaltar que os textos tendem à apresentação de respostas fechadas para as questões que levantam. Conseqüentemente, essa dramaturgia infantil contribuía de modo inevitável para a formação de uma visão de mundo que consagra a ordem social vigente como a única possível.

No que diz respeito às modalidades que revestem a veiculação dessas representações, os resultados da análise também são reveladores. Os textos costumam caracterizar-se pela inserção de elementos estranhos à ação – sobretudo verbalização excessiva – e pela inexistência de uma dinâmica própria que a desencadeie, além da construção bastante inconsistente das personagens. É essa gama de insuficiências que habitualmente tece a estrutura dramática pouco sólida, por meio da qual aquela perspectiva conservadora é transmitida.

Subjacente a essas peculiaridades, existe, conforme se esperava, uma maneira particular de experimentar a relação adulto-criança. No caso da dramaturgia infantil, a inexistência de um maior cuidado artístico parece simultaneamente encobrir e reafirmar a desigualdade de poder entre as gerações.

Um exame mais cuidadoso conduziria à conclusão de que, muito mais do que simples reflexo da apontada desigualdade, essa dramaturgia traduz uma tomada de posição do emissor adulto em relação ao receptor infantil. Entre as múltiplas formas possíveis de estabelecer um relacionamento com as crianças, foi escolhido o caminho do conformismo e da pobreza artística.

Vale ressaltar que foram experimentadas, naquele período, múltiplas tentativas de aproximação que pudessem abalar a tradicional divisão de papéis entre o palco e a platéia. A grande maioria delas, no entanto, além de se revestir de caráter francamente autoritário, muitas vezes era envolvida por intenso didatismo, redutor da própria função simbólica.

Em meio a esse quadro pouco estimulante, entretanto, alguns textos se destacaram favoravelmente entre os demais. Em função das tendências renovadoras que traziam, abriram interessantes perspectivas que, uma vez aprofundadas, poderiam vir a encaminhar uma reformulação significativa da dramaturgia infantil. Merecem destaque especial três dessas perspectivas, seguramente as mais férteis então.

A transição entre o universo mágico e o universo de caráter mais realista (que não implica necessariamente realismo teatral), constitui a primeira delas. Esse movimento de passagem, com efeito, não foi prerrogativa exclusiva do teatro infantil, visto que a mesma preocupação com a verossimilhança já vinha marcando também as criações da literatura infanto-juvenil brasileira, no início dos anos setenta.

Após ter subsidiado durante décadas a produção artística voltada para a criança, o elemento mágico no período estudado passa a ser pretensamente contestado ou deliberadamente empobrecido pelos autores teatrais. No intuito do estabelecimento de situações mais próximas da vida cotidiana, o fantástico passa a ser qualificado, dentro do próprio texto dramático, como pertencente a uma época ultrapassada.

Assim sendo, um desafio inédito se colocava naquele momento para os nossos autores, ou seja, assumir e reintegrar, em novas bases, o elemento mágico. Como decorrência, uma outra questão era indiretamente lançada: a opção por contextos de caráter mais realista não precisaria implicar, para se tornar legítima, em uma crítica à abordagem fantástica no seio das próprias peças. Tais peculiaridades traduzem bem um momento de transição, no qual o universo mágico deixa de ser encarado como necessariamente desejável e passa a ser uma opção entre outras.

Uma segunda perspectiva aberta durante os anos setenta foi a da diversificação temática. A ecologia e a própria imaginação passam a ser pontos de partida para a concepção dos textos. Nesses termos, mais significativa ainda é a presença de uma problemática que poderia vir a ser o fulcro de uma produção bastante interessante: a discussão do que significa ser criança em nossa sociedade, a partir da ótica das personagens infantis em relação às pressões sofridas na convivência com as personagens adultas.

Indiretamente vinculada à anterior, a terceira nova perspectiva a ser mencionada constitui em si mesma um vasto campo de reflexão. Trata-se da incorporação do elemento lúdico como eixo da representação.

Ao constatar que a transposição simbólica fundamenta ao mesmo tempo o jogo espontâneo da criança e a representação teatral, alguns dos nossos autores e diretores, os mais ousados, passam a se valer do jogo enquanto meio expressivo por excelência em suas peças. Assim, o jogo – sobretudo em sua acepção de "faz-de-conta" – é, nesses textos, a mola mestra que move a ação, abalando assim a supremacia até então indiscutível da estória. A invenção e a transformação inerentes ao lúdico seriam assim colocadas em evidência dentro do próprio espaço cênico.

Essa valorização, no entanto, não acontecia sem que alguns equívocos por vezes se manifestassem. Ocasionalmente o didatismo voltava à tona e surgiam longas tiradas verbais sobre os benefícios do jogo, ou mesmo falas explicitando diretamente diferentes aspectos da convenção teatral, o que empobrecia o relevo que se pretendia dar à função simbólica.

No que se refere aos espetáculos montados a partir dessa perspectiva de valorização do aspecto lúdico, é inegável que a década de setenta foi rica em experiências interessantes. Seria possível citar, entre outras, as montagens de *Vamos Brincar de Teatrinho*,

Serafim-Fim-Fim, ou ainda *A Praça de Retalhos*, esta última de autoria de Carlos Meceni e dirigida por Roberto Lage, não incluída na amostra.

Utilizando um mínimo de recursos externos ao corpo do ator, essas montagens criavam uma realidade teatral que evidenciava suas convenções. Ao invés de pretenderem promover a ilusão do real, elas expunham deliberadamente, no espaço cênico, a concomitância da materialidade dos signos e da ficção por eles referida. Tal como no faz-de-conta infantil, era marcante a relação entre a simplicidade dos meios empregados e a riqueza da transposição simbólica.

Atualmente, quando os anos setenta já podem ser observados através de um prisma histórico, o que se poderia dizer sobre a situação do teatro infantil em São Paulo?

De modo geral, pode-se afirmar que a renovação de temas e formas que se vislumbrava na década de setenta não teve continuidade nos anos subseqüentes.

O aspecto lúdico da encenação – potencialmente virulento por tudo o que a categoria do jogo tem de irredutível e de incompatível com o sistema – já não constitui mais a via privilegiada de montagens não ilusionistas.

O debate opondo a especificidade de um teatro voltado para a infância e a criação teatral endereçada a toda e qualquer faixa de idade – tendência hoje conhecida como "Censura Livre" – continua vivo entre alguns setores do meio teatral. O teatro definido como infantil em função da sua dramaturgia e das condições de sua veiculação, no entanto, continua marcando fortemente sua presença por ocasião dos fins de semana. Nele, o conformismo e o reduzido interesse artístico continua sendo a tônica, apenas interrompida de quando em quando por honrosas exceções.

A fundação em 1978 da Associação Paulista de Teatro para a Infância e Juventude (APTIJ) abriu um importante espaço para profissionais, amadores, críticos e professores interessados no campo.

Lutando desde os primeiros dias de sua implantação com inúmeras dificuldades de ordem material, a APTIJ tem dinamizado o debate em torno da dramaturgia infantil, através da promoção de textos inéditos, de oficinas de criação, de seminários, de leituras dramáticas e da instalação de um banco de textos.

Sua contribuição em termos da montagem de espetáculos também tem sido considerável, na medida em que vem organizando cursos e oficinas especializadas em música, cenografia, figurinos e jogos teatrais. Por iniciativa da Associação, uma série de encontros de caráter estadual e nacional vem propiciando a extensão dos debates para além das fronteiras da cidade. Importante também é a participação da APTIJ em comissões de órgãos públicos, opinando sobre a política cultural relacionada à criança e ao jovem.

Conforme se pôde verificar, ao longo dos anos setenta, a dramaturgia encenada para crianças em São Paulo caracterizou-se por quase nunca questionar os valores instituídos e por reforçar lugares-comuns. O exame desse fenômeno indica que, ao assumir com plena consciência, a diferença de poder que o adulto detém em relação à infância, o criador provavelmente estaria dando o primeiro passo necessário para pensar a questão dessa mesma desigualdade. Somente o esforço em substituir o escamoteamento do autoritarismo por uma reflexão vivida nesses moldes tornaria possível a proposta de novas modalidades para o relacionamento entre as gerações, em termos da criação artística.

O caráter pedagógico do relacionamento entre adultos e crianças certamente seria atenuado a partir da plena utilização dos próprios recursos do gênero dramático. Seria preciso reconhecer, antes de mais nada, que a arte teatral, pela sua própria natureza, pode dar contribuições muito específicas para a ampliação do conhecimento do ser humano.

Algumas tentativas bem-sucedidas de realização de representações cuja temática abrangente atinge toda e qualquer idade – e as criações de Vladimir Capella são um exemplo eloqüente – indicam que todas as gerações podem e merecem ter acesso a espetáculos verdadeiramente contemporâneos, que interroguem e que se abram à aventura estética.

Ao intervir no domínio do sensível, ao lidar com o simbólico e com o imaginário, a atividade artística em geral, e teatral em particular, promove a ampliação da consciência humana para além de estreitos limites predeterminados por faixas etárias.

Tanto quanto em relação a qualquer outra atividade artística, se faz necessário pensar o teatro a ser assistido pelas jovens gerações em termos da função social que vem assumindo e que poderá eventualmente vir a assumir. É na medida em que se constituir efetivamente enquanto arte que ele poderá propiciar uma comunicação verdadeiramente enriquecedora, tanto para quem enuncia, quanto para quem assiste à representação.

TEXTOS ANALISADOS

A amostra aqui examinada é composta pelas seguintes peças:

Nº	ANO	TÍTULO	AUTOR
01	1970	*As Duas Ovelhinhas*	Romano Domingues
02	1970	*Pluft, o Fantasminha*	Maria Clara Machado
03	1970	*Menino não Entra... Menina não Entra...*	Ronaldo Ciambroni
04	1970	*Vira-Latas em Apuros*	Jurandyr Pereira
05	1970	*A Turma do Barulho*	Renato Master
06	1970	*O Casamento de Emília*	Júlio Gouveia
07	1970	*O Espaçolino Visita a Terra*	Ruben Meyer e Dan La Laina
08	1970	*A Casa de Chocolate*	Anthony Marco (Alessandro Memmo)
09	1970	*O Travesso Pandareco*	Rachel Silva

Nº	ANO	TÍTULO	AUTOR
10	1970	*O Reizinho Gozado*	Jurandyr Pereira
11	1970	*A Formiguinha que Foi à Lua*	Zuleika Mello
12	1971	*A Pele de Urso*	Júlio Gouveia
13	1971	*O Mundo Colorido de Juca Dó-Ré-Mi*	Pasqual Lourenço
14	1971	*A Sopa de Pedra*	Tatiana Belinky
15	1971	*A Gata Borralheira e o Bobo da Corte*	Rachel Silva
16	1971	*Romão e Julinha*	Oscar Von Pfuhl
17	1971	*Um Coelho Cow-Boy*	Oscar Felipe
18	1971	*O Palhaço Imaginador*	Ronaldo Ciambroni
19	1971	*O Sorriso do Palhaço*	Pasqual Lourenço
20	1971	*O Gigante*	Walter Quaglia
21	1972	*Leopoldina Júnior*	Ronaldo Ciambroni
22	1972	*A Turma da Mônica Contra o Capitão Feio*	Maurício de Sousa
23	1972	*Dom Chicote Mula Manca e seu Fiel Amigo Zé Chupança*	Oscar Von Pfuhl
24	1972	*Quem Tem Medo do Lobo Mau*	Alessandro Memmo
25	1972	*A Festa das Mil Crianças*	Pasqual Lourenço
26	1972	*A Formiguinha Vai à Escola*	Zuleika Mello
27	1972	*O Coelhinho Engenheiro*	Jurandyr Pereira
28	1972	*A Gatinha Astronauta*	Amilton Duarte e Miriam Ribeiro
29	1972	*As Beterrabas do Sr. Duque*	Oscar Von Pfuhl
30	1973	*Adeus Fadas e Bruxas*	Ronaldo Ciambroni
31	1973	*O Castelo e a Feiticeira*	Amilton Duarte e Miriam Ribeiro
32	1973	*As Aventuras do Palhaço Pimpão*	Waldemar Sillas
33	1973	*O Palhaço do Jardim Encantado*	Rachel Silva
34	1973	*Uma Viagem à Casa do Vento*	Luciano Tadeu
35	1973	*Histórias do Baú Encantado*	Plínio Teixeira, J. G. Rocha, Carlos Saidl
36	1973	*A Árvore que Andava*	Oscar Von Pfuhl
37	1973	*A Princesa Baubéia e o Príncipe Salomé*	Amilton Duarte
38	1973	*Os Bolinhos da Alegria*	Zaqueu Augusto Carvalho

Nº	ANO	TÍTULO	AUTOR
39	1974	"Bom-Bom" no Mundo do Teatro	Dudu Barreto Leite
40	1974	Maroquinhas Fru-Fru	Maria Clara Machado
41	1974	Tribobó City	Maria Clara Machado
42	1974	Serafim Fim-Fim	Carlos Meceni
43	1974	O Lobisomem Malvado	Augusto Iamazato
44	1974	Lição de Viver	Silvia Cardoso e Alceu Nunes
45	1975	O Amarelento do Canal	João Rios
46	1975	A Floresta Encantada	Mario Bruni
47	1975	Vida de Palhaço	Marcos Caruso
48	1975	O Lobinho Careca	José Roberto Caprarole
49	1975	O Rapto da Lua	Telassim Rodrigues
50	1975	No País do Não Sei Ler	Mario Bruni
51	1975	Capitão Vagalhão	Maria Cristina Diederiksen
52	1975	Como Era Verde o Meu Jardim	Alceu Nunes
53	1975	A Bruxinha Rebelde	Mario Bruni
54	1975	Camomila, o Super-Pirata	Jurandyr Pereira
55	1975	Vamos Brincar de Teatrinho	Magno Bucci
56	1975	Papai Noel no Século XX	Mario Bruni
57	1975	A Bruxinha que Era Boa	Maria Clara Machado
58	1976	A Volta do Chapeuzinho Vermelho	Otto Prado
59	1976	Pop, a Garota Legal	Ronaldo Ciambroni
60	1976	Os Grilos da Formiguinha	Roberto Cardovani
61	1976	O Coelhinho Falador	Otto Prado e Leandro Filho
62	1976	Um Papai Noel Diferente	Otto Prado
63	1976	Clotilde com Brisa, Ventania e Cerração	Rodrigo Paz
64	1976	Este Mundo é um Arco-Íris	Alceu Nunes e Ronaldo Ciambroni
65	1976	O Mais Belo dos Paraísos	Luciano Tadeu
66	1976	Vamos Colorir o Mundo	Jurandyr Pereira
67	1976	A Viagem de um Barquinho	Sylvia Orthof
68	1976	As Confusões de um Biruta	Wilian Zarur
69	1976	O Palhaço do Planeta Verde	Hilton Have
70	1976	Libel, a Sapateirinha	Jurandyr Pereira

BIBLIOGRAFIA

ARIÈS, Philippe. *História Social da Criança e da Família*. Rio de Janeiro, Zahar, 1978.

BATTEGAY, Alain. "Sur le rapport d'enfance et le théâtre pour enfants". Centre de Sociologie, Psychologie et Pédagogie, Université Lyon II, 1973 (mimeo.).

BERGSON, Henri. *La risa – Ensayo sobre la significación de lo cómico*. Buenos Aires, Losada, 1953.

BETTELHEIM, Bruno. *A Psicanálise dos Contos de Fadas*. Rio de Janeiro, Paz e Terra, 1978.

BONAZZI, Maria e ECO, Humberto. *Las verdades que mienten*. Buenos Aires, Tiempo Contemporaneo, 1974.

GRATIOT-ALPHANDÉRY, H.; ROSEMBERG, F.; CHAPUIS, E. "Le théâtre pour enfants". *Enfance*, numéro spécial, 1973.

PRADO, Décio de A. "A Personagem de Teatro", in CANDIDO, Antonio *et al*. *A Personagem de Ficção*, São Paulo, Perspectiva, 1976.

TEATRO NA PERSPECTIVA

A PERSONAGEM DE FICÇÃO – Décio de Almeida Prado e outros (D001)
O SENTIDO E A MÁSCARA – Gerd A. Bornheim (D008)
A TRAGÉDIA GREGA – Albin Lesky (D032)
MAIAKÓVSKI E O TEATRO DE VANGUARDA – Angelo M. Ripellino (D042)
O TEATRO E SUA REALIDADE – Bernard Dort (D127)
SEMIOLOGIA DO TEATRO – Org. J. Guinsburg e J. T. Coelho Netto (D138)
TEATRO MODERNO – Anatol Rosenfeld (D153)
O TEATRO ONTEM E HOJE – Célia Berrettini (D166)
OFICINA: DO TEATRO AO TE-ATO – Armando Sérgio da Silva (D175)
MITO E HERÓI NO MODERNO TEATRO BRASILEIRO – Anatol Rosenfeld (D179)
NATUREZA E SENTIDO DA IMPROVISAÇÃO TEATRAL – Sandra Chacra (D183)
JOGOS TEATRAIS – Ingrid D. Koudela (D189)
STANISLAVSKI E O TEATRO DE ARTE DE MOSCOU – J. Guinsburg (D192)
O TEATRO ÉPICO – Anatol Rosenfeld (D193)
EXERCÍCIO FINDO – Décio de Almeida Prado (D199)
O TEATRO BRASILEIRO MODERNO – Décio de Almeida Prado (D211)
QORPO SANTO: SURREALISMO OU ABSURDO? – Eudinyr Fraga (D212)
PERFORMANCE COMO LINGUAGEM – Renato Cohen (D219)
O JAZZ COMO ESPETÁCULO – Carlos Calado (D236)
BUNRAKU: UM TEATRO DE BONECOS – Sakae M. Giroux e Tae Suzuki (D241)
NO REINO DA DESIGUALDADE – Maria Lúcia de Souza B. Pupo (D244)
JOÃO CAETANO – Décio de Almeida Prado (E011)

MESTRES DO TEATRO I – John Gassner (E036)
MESTRES DO TEATRO II – John Gassner (E048)
ARTAUD E O TEATRO – Alain Virmaux (E058)
IMPROVISAÇÃO PARA O TEATRO – Viola Spolin (E062)
JOGO, TEATRO & PENSAMENTO – Richard Courtney (E076)
TEATRO: LESTE & OESTE – Leonard C. Pronko (E080)
UMA ATRIZ: CACILDA BECKER – Org. de Nanci Fernandes e Maria T. Varga (E086)
TBC: CRÔNICA DE UM SONHO – Alberto Guzik (E090)
OS PROCESSOS CRIATIVOS DE ROBERT WILSON – Luiz Roberto Galizia (E091)
NELSON RODRIGUES: DRAMATURGIA E ENCENAÇÕES – Sábato Magaldi (E098)
JOSÉ DE ALENCAR E O TEATRO – João Roberto Faria (E100)
SOBRE O TRABALHO DO ATOR – Mauro Meiches e Silvia Fernandes (E013)
ARTHUR DE AZEVEDO: A PALAVRA E O RISO – Antonio Martins (E107)
TEATRO DA MILITÂNCIA – Silvana Garcia (E113)
BRECHT: UM JOGO DE APRENDIZAGEM – Ingrid D. Koudela (E117)
O ATOR NO SÉCULO XX – Odette Aslan (E119)
ZEAMI: CENA E PENSAMENTO NÔ – Sakae M. Giroux (E122)
DO GROTESCO E DO SUBLIME – Victor Hugo (EL05)
O CENÁRIO NO AVESSO – Sábato Magaldi (EL10)
A LINGUAGEM DE BECKETT – Célia Berrettini (EL23)
IDÉIA DE TEATRO – José Ortega y Gasset (EL25)
O ROMANCE EXPERIMENTAL E O NATURALISMO NO TEATRO – Emil Zola (EL35)
DUAS FARSAS: O EMBRIÃO DO TEATRO DE MOLIÈRE – Célia Berrettini (EL36)
MARTA, A ÁRVORE E O RELÓGIO – Jorge Andrade (T001)
O DIBUK – Sch. An-Ski (T005)
LEONE DE' SOMMI: UM JUDEU NO TEATRO DA RENASCENÇA ITALIANA – Org. J. Guinsburg (T008)
URGÊNCIA E RUPTURA – Consuelo de Castro (T010)
TEATRO E SOCIEDADE: SHAKESPEARE – Guy Boquet (K015)
EQUUS – Peter Shaffer (P006)